Hanspeter Wolfsberger

# Brösel

## Am Ofenfeuer mitgehört

Bibliografische Information der Deutschen Bibliothek
Die Deutsche Bibliothek verzeichnet diese Publikation in der Deutschen
Nationalbibliogafie; detaillierte bibliografische Daten sind im Internet
über http://dnb.ddb.de abrufbar.

© 2003 Verlag der Liebenzeller Mission, Bad Liebenzell
    Gestaltung: Grafisches Atelier Arnold, Dettingen
    Fotos: Hanspeter Wolfsberger, Albrecht Arnold
    Herstellung: St.-Johannis-Druckerei, Lahr
    ISBN 3-921113-63-6
    Bestell-Nr. 549 163

# Inhalt

Brösel .................9

**Anfänge**
So möchte ich mal werden ...............12
Schleuderbewegungen ..............14
Angst ..............16
»Wo Gott dich hinsät ...« ..............18
Auch Gnade hat erzieherische Wirkung ..........20
»Seine Interessen liegen außerhalb ...« ..........22

**Erlebnisse als Vikar, Pfarrer, in der Kirche**
Der neue Rock ..............26
»Und der Herr sprach« ..............27
Zwangstaufe ..............28
Kleider machen Leute ..............30
Grußwort mit Turnhose ..............31
Kirchen-Geschichten ..............33
Glocken ..............34
Festgeläute ..............35
Kirchenkonzert ..............36
Mesnergeschichten ..............38
Vertretung ..............39
Bürgermeisterwahl ..............40
Pfarrhaus-Idylle ..............42
Meine Lieblingsfarbe ..............45
Vergessene Gottesdienste ..............46
»Welch ein Freund ist unser Jesus« ..............48

**Missgeschicke**
Der rettende Heide ..............50
Voll eins auf die Ohren ..............52
Die bekleckerte Braut ..............53
Das Elend mit der Pünktlichkeit ..............54
Pünktlichkeit 2 ..............55

Pünktlichkeit 3 ..................................................56
»Was sich nicht fügt, wird ein Un-Fug« ............57

**Liebenzell**
Führungen ......................................................60
Bremser ..........................................................62
Der »neue Kurs« in Liebenzell ........................63
Liedgut ...........................................................64
»Nww«-Gefühle ..............................................65
Was Kerzen sagen ...........................................66
Der Hirnverdreher ..........................................68
»Vergebung schenkt Kraft« .............................69
Die große Gabe ..............................................70
Visionen .........................................................71
Sitzungen ........................................................72
Leitungsgabe ..................................................73
Und noch ein paar Erfahrungen... ...................74
Das heimliche Leitungsideal ...........................75
Weich ist stärker als hart .................................78
Das Elend mit der Macht ................................81
Menschenfreundlichkeit .................................82
Unkraut wächst schneller als Eichen ...............84
Was ein Werk am Leben erhält .......................86

**Familiengeschichten**
Familienangehörige ........................................88
Erziehungsmethoden ......................................89
Vergeben ........................................................91
»Papa, krieg ich einen Hund?« ........................92
Das Positive verstärken ...................................93
Hundewechsel ................................................94
Hundesteuer ...................................................95
Der Spritzhund ...............................................96
Das hat er nicht vom Papa! .............................97
»Umsonscht predigt« ......................................98
Schwere Ladung .............................................99
Gammel ........................................................100

Verarbeitungsprozesse ...........................101
Der stramme Nachbar ............................103
Der sture Bagger ...................................104
»Der schöne Jogging« ............................105
Tine und das Essen ................................106
Liebenzeller Schwestern .........................108
Die Tracht ............................................109
Das innere Gewicht der Dinge ................110
Schon wieder ein »Wolfsberger« .............112
»Hanns, des muasch ao mache!« ............113
Das tiefe Wort ......................................114
Versprecher ..........................................115
Der Weihnachtswunsch vom Kleinsten ...116
Muttertag .............................................117
Zahlen zählen .......................................118
Selbsterkenntnis ...................................120
27. September 1995 ..............................121
Bärbel und Witze ..................................123
»Alte, komm!« .......................................124

**Einsichten**
Mission und Gemeindeaufbau .................126
Kirche – was es nicht alles gibt?! ............127
Kirchengesicht ......................................129
Mein Bischof ........................................131
Dankbarkeit .........................................132
Dahinter ..............................................134
Die Heilung eines Blinden (Markus 10,46–52) ..135
Verwandlung ........................................137
Aufbruchsfähig .....................................138
Es wächst ............................................138
Unentbehrlich ......................................139
Was bleibt ...........................................139
Weitergehen ........................................140
Ich hab's nicht zu bereuen ....................142
Das Letzte ...........................................144

Brösel ...

»Brösel« ist vielleicht kein sehr geglückter Titel für ein Buch. Es sollte ursprünglich auch anders heißen. Damals, als es noch ein schlichter Gruß zum Abschied werden sollte. Für Freunde am Ende eines Lebensabschnitts. Für Bekannte und Weggefährten, etwas Leichtes, mit dem man abends schmunzelnd einschlafen kann. Dann sind es noch ein paar Seiten mehr geworden. – Und was ist es nun? Der Familienrat hat schließlich entschieden: »Brösel«!

Brösel – hochdeutscher gesagt: »Brosamen«, können etwas sehr Gutes sein. Der genussvolle Schluss eines guten Essens etwa, von dem man gerne noch mehr haben möchte. Oder ein Appetitmacher, der ankündigt: Das Beste kommt noch. – Denken Sie nur an ofenfrisches Brot. Das Aroma, das in »meinen« Bröseln steckt, soll erinnern an den Gott, der dem Leben freundlich ist. Der das Nichtkönnen seiner Kinder souverän vollendet, der – in unserem Fall – immer, immer gut zu uns war. Genau davon sind die vorliegenden »Brösel« sowohl Nachgeschmack als auch Vorgeschmack.

Bad Liebenzell, im Frühling 2003

Hanspeter Wolfsberger

# Anfänge

Gott war immer gut zu mir. Er hat mich auch im Gemeindepfarramt oft mehr »sehen« lassen, als es anderen beschieden war. Wahrscheinlich habe ich es nötig, vielleicht bin ich nicht so tapfer und durchhaltend wie manche meiner Prediger- und Pfarrerbrüder.

Ein älterer Kollege hat viel und treu gearbeitet. Sein ganzes Leben lang. Aber er hat nie irgendwo einen richtigen Aufbruch erlebt. Auch in seiner jetzigen Gemeinde nicht. »Man« ging dort einfach nicht zur Kirche. Das sagten ihm die Leute auch.

Einmal durfte ich bei ihm predigen. Vor Beginn des Gottesdienstes spähte er durch den Türspalt der Sakristei und zählte die Gottesdienstbesucher. »Wieder nur fünf«, sagte er dann leise. Fünf – wie immer. Fünf – wie schon seit Jahren. Dann beteten wir. Kniend am Stuhl in der Sakristei. Er erzählte mir, dass er das jeden Tag mache. Kniend an diesem Stuhl bete er die Straßen und Häuser seiner Gemeinde durch. Jede Woche. Und am Sonntagmorgen sei er dann neu gespannt: »Wie viele sind es heute?«

## So möchte ich mal werden

Seither bete ich so: »Lieber Herr, lass mich auch so werden. So treu. So wartend. Solch ein betender und liebender Pfarrer.«

*Hanns und Papa*

Es waren vor allem die Schleuderbewegungen im Leben, die mich ein Stück weitergebracht haben: Das Entschuldigenmüssen, das Warten, eine Zurücksetzung, ein »Hinuntergenehmigtwerden«, ein Scheitern vor Gott und der Welt, das Gefühl von Ohnmacht...

## Schleuderbewegungen

Natürlich liebe ich die sonnigen Zeiten tausendmal mehr. Man sagt zwar: »In einem dunklen Schacht sieht man am helllichten Tag die Sterne.« Aber in mir sagt's auch: »Es ist gepfiffen auf den Schacht!« Kein einziges Scheitern sehne ich herbei, es sei pädagogisch oder geistlich noch so sinnvoll.

Und doch ist es wahr:

Es ist mitunter, als verfeinere eine Zeit des Misslingens die Geschmacksnerven für das Aroma des Reiches Gottes. Eigenschaften wie Barmherzigkeit, Geduld, Vergebungswille u. a. gedeihen dann stärker. Das Gefühl eigener Hilfsbedürftigkeit wird offensichtlicher. Und die heilende Gnade Gottes, sein Nahekommen (etymologisch: ge-nahen) wird vorrangig. Und mit ihr die Sehnsucht, sich mit Gott zu einigen.

»Ich habe meine
Wünsche dem lieben
Gott geschenkt.«

Charles de Foucauld


»Es kann in Ewigkeit
kein Ton so lieblich sein,
als wenn ein Menschenherz
mit Gott stimmt überein.«

Angelus Silesius

Ab dem 10. Lebensjahr lernte ich Versagensängste kennen. Die Schulzeit war mir dadurch weitgehend verdorben. Wie kam es dazu?

Gerade war mein Vater verstorben. Die Mutter musste ab jetzt in der Fabrik arbeiten. Und ich wechselte aufs Gymnasium. Meine Kinderseele war ziemlich durcheinander.

**Angst** Da bekam ich in Französisch einen Lehrer, der außergewöhnlich lautstark schreien konnte. Wenn er loslegte, schwiegen die Vögel unter dem Himmel. Und in mir versagten die inneren Systeme.

Dann jener schwarze Tag:

An der Tafel soll ich das französische Wort »qui« (= wer) anschreiben. Ich schreibe »Qui«. Also mit großem »Q«. Der Lehrer fordert, ich solle das Wort kleinschreiben. – Und da ist vor Angst auf einmal das kleine »q« in mir verschwunden. So schreibe ich das große »Q« ein wenig kleiner. Die Klasse lacht, der Lehrer schreit... Er droht, mich so lange nicht hinsitzen zu lassen, bis ich »qui« mit kleinem »q« geschrieben habe... Es ist furchtbar.

Diese Szene träumte ich bis zu meinem zweiten Staatsexamen immer wieder durch. Schweißgebadet manchmal. Meine Seele kämpfte mit dem Urteil, das jener unvorsichtige Lehrer damals in sie hineingelegt hatte: »Du kannst nichts, du bist nichts, du schaffst es nicht.«

Gegen diese Negativ-Bestimmung hatte ich auch später immer wieder anzukämpfen. Gleichzeitig habe ich seit damals ein tiefes Mitfühlen in mir, ein Gespür geradezu, für jene, denen es in dieser Welt ähnlich geht. Und so haben, glaube ich, dann später doch manche Leute etwas davon gehabt, dass ich einmal das kleine »q« nicht schreiben konnte...

Mit kaum 18 Jahren kam ich zur Bundeswehr. Für 90 DM Wehrsold im Monat. Das war – so empfand ich das – eine Steigerung meiner Einkünfte um gut 9 000 Prozent.

Ich kam also zur Grundausbildung nach Stetten a. k. M., zusammen mit 180 Rekruten. Wir wurden alphabetisch gesetzt. Darum saß ich weit hinten. Dann wurde jeder Einzelne nach seinem Berufswunsch gefragt. Ich hatte für mich noch keine Vorstellung. Mindestens 100 Leute vor mir sagten: »Maschinenbau«. Als ich an die Reihe kam, sagte ich auch: »Maschinenbau«, obwohl ich keine Ahnung hatte, was das eigentlich war.

»Wo Gott dich hinsät ...«

Aufgrund dieses einen Wortes wurde ich jedoch nach der Grundausbildung nach Nürnberg versetzt. Zu einem Praktikum in der Lehrwerkstatt der Firma Siemens. Dort lernte ich dann zu bohren, zu fräsen und sinnlos irgendwelche Eisenteile von Hand in Grund und Boden zu feilen.

Manche meiner Kollegen waren ja ganz glücklich dabei. Aber mir kroch das Grauen in alle Poren: »Was mache ich hier eigentlich? Ich bin ein Kind von Reben und Sonne! Ich liebe die Weite, den Himmel und die Menschen. Hier hause ich in dunklen Backsteinhäusern, arbeite in einer schwarzen Gießerei, gehe täglich über einen dreckigen Fabrikhof. Was soll das? Ich gehe noch ein, wenn ich hier bleiben muss.«

Dann jene Vesperpause:

Ich gehe mit meinem Brot durch das Fabrikgelände. Plötzlich entdecke ich einen kleinen Baum. Um ihn herum ein winziges Rasenplätzchen. Gras erinnert an Heimat. Ich lasse mich darauf nieder. Auf einmal sehe ich es: Neben mir – ein kleines, strahlendes Gänseblümchen.

Da kommt es mir:
»Wenn dieses Gänseblümchen hier wachsen und blühen kann, hier in dieser Stadt, hier in diesem Fabrikhof, dann kannst du das auch! Wo Gott dich hinsät, da kannst du blühen.«

Es war ein Schlüsselerlebnis, wichtig für mein ganzes folgendes Leben.

Freunde hatten mir sehr dazu geraten: »Mach's doch! Es ist nichts Unwahres daran. Es ist nur nicht ganz offen.« Ich konnte mir als Jung-Student durch eine vorgezogene Prüfung einen Vorteil verschaffen. Ich tat es.

## Auch Gnade hat erzieherische Wirkung

Kurz danach holte mich mein alter Lehrer in sein Zimmer. In seiner Gegenwart schmolzen meine Argumente dahin. Er vergröberte nichts. Er verurteilte auch nicht. Er zeigte mir nur seinen Schmerz. Er hatte etwas anderes von mir erwartet. Jetzt wusste ich nichts mehr zu sagen. An seiner Lauterkeit erkannte ich erst richtig mein Unrecht.

In mein betroffenes Schweigen hinein ging er zum Bücherschrank. Er holte ein griechisches Neues Testament. Eine Studienausgabe. Und schenkte sie mir. Solch ein teures Buch hätte ich mir nicht leisten können. Ich habe und nütze dieses Buch heute noch.

Es ist wie ein Vermächtnis: Auch Gnade hat eine erzieherische Wirkung.

Bundeswehr: Als Leistungssportler wurde ich während des Wehrdienstes acht Wochen lang freigestellt zur Vorbereitung auf einen soldatischen Wettkampf gegen eine französische Elite-Einheit: Eilmarsch, Klettern, Schießen, usw.

> »Seine Interessen liegen außerhalb ...«

Der große Tag kam: Start zum 15-Kilometer-Eilmarsch mit Gepäck. Bereits hinter der ersten Kurve war von den französischen Kollegen nichts mehr zu sehen. Sie hatten es nicht eilig. Der Wettkampf war für sie nur die unangenehme Zeit zwischen den Mahlzeiten. Eine Farce. Wir waren frustriert.

Am Abend dann noch dies:

Unser Kompaniechef, ein Mann von geringer Bildung und großer Einbildung, wollte im Fernsehen die Olympiaergebnisse vom Tage anschauen.

Wohlgemerkt: Wir waren im Biwak (Zeltlager), ca. 10 Kilometer außerhalb der Kaserne. Und es war abends nach 22 Uhr. Aber macht ja nix: In sektfröhlicher Laune befahl er meinem Kollegen und mir: »Legen Sie eine Kabel-Leitung von der Kaserne bis ins Biwak. In zwei Stunden möchte ich hier fernsehen!«

Technisch gesehen kann man das als eine Herausforderung ansehen. Nüchtern besehen – war das eine Sauerei. Wir wären die ganze Nacht damit beschäftigt gewesen, im dunklen Gelände Kabelrollen auszulegen, einen Fernsehapparat zu organisieren, usw.

So fuhren wir befehlsgemäß zurück in die Kaserne – grüßten von dort noch mal fröhlich gen Biwak, legten uns ins Bett und schliefen. – Hoffend, dass der Kompaniechef in seinem Rausch nichts davon bemerken würde.

Am nächsten Morgen gegen 10 Uhr wachten wir auf. Der UvD (Unteroffizier vom Dienst) hatte vergessen, uns zu wecken. Wir bestellten einen Unimog mit Fahrer und fuhren zurück zu unserer Einheit. Sicherheitshalber legten wir beide uns flach auf die offene Pritsche des Unimogs, um nicht gleich gesehen zu werden. Bei der Einfahrt ins Biwak erwartete uns jedoch ein Bild des Horrors.

Die ganze Kompanie war angetreten: 120 Kollegen und alle Offiziere. Man suchte uns.

Der Unimogfahrer, dieser Quartalsdepp, hielt sein Gefährt genau vor der Front, statt hinter sie zu fahren. Als wir vorsichtig unsere Köpfe hoben, empfing uns brüllendes Lachen. 120 schadenfrohe Soldaten prusteten los...

Der Kompaniechef lachte nicht, wenn ich mich recht erinnere. Und wir beide nur ganz kurz...

Damals stoppte meine militärische Karriere. Der Chef stellte uns vor die Wahl: Geldstrafe oder Unterschrift unter folgenden Satz im Abgangszeugnis: »Seine Interessen liegen außerhalb des Dienstbereiches.« Mein Kollege zahlte. Er war Zeitsoldat und musste noch bleiben. Ich nicht. Ich unterschrieb.

Dennoch wurde ich in den Jahren darauf immer weiter befördert: Fähnrich, Leutnant... Ich glaube, wenn ich heute bei der Bundeswehr nachfrage, was ich mittlerweile geworden bin, erfahre ich, dass mir der Laden inzwischen gehört...

# Erlebnisse als Vikar, Pfarrer, in der Kirche

Ich war nun also Vikar und trug den Talar, das schwarze Amtskleid der Pfarrer: weit, rockartig, knöchellang. Für einen Mann ein fremdes Gerät.

Sonntags ist Abendmahlsgottesdienst. Bei der Austeilung der Kelche geht alles gut – hinwärts. Drei Stufen hinunter zu den Menschen, je vier Personen teilen sich einen Kelch. Danach mit den beiden Kelchen wieder zurück zum Altar, wo die hilfsbereite Mesnerin schon wartet.

Aber beim Aufstieg, die Stufen hinauf, hemmt irgendetwas meinen Lauf. Bei der zweiten Stufe noch mehr. Ich spüre einen Zug am Hals. Auf der dritten Stufe stehe ich dann schon tief gebückt. Von unsichtbaren Mächten nach unten gezwungen. Was ist los?

## Der neue Rock

Ich bin von innen in meinen Talar hineinmarschiert. So stehe ich da.

Tief demütig. Die Hände suchen den Altar. Ein Sturz steht unmittelbar bevor. Was soll ich nur machen? Das Männliche in mir will sich befreien. Selbst wenn der Talar ausreißt. Ein Rest von Vernunft rät zum geordneten Rückzug. Wenn ich nur die Kelche loswerden könnte. Aber meine Hände reichen einfach nicht auf den Tisch des Herrn hinauf. Es bleibt wirklich nur der Bücklingsweg nach hinten, die Stufen hinab.

Unten angekommen versuche ich einen zweiten Anlauf. Mit stark hochgezogenen Schultern diesmal, um die Bodenhaftung zu verringern ...

Die Mesnerin hat mittlerweile meine Not erkannt. Sie nimmt mir die Kelche auf halbem Wege ab – angestrengt das Lachen verbeißend ...

Jetzt kann ich endlich meinen Rock hochheben ...

**D**as freie Sprechen beim Predigen hat mich früh gereizt. Ein relativ gutes Kurzzeitgedächtnis hilft mir dabei. Einen kleinen Stichwortzettel habe ich aber doch meist in Reichweite.

Dann: Sonntagsgottesdienst in meiner Vikarsgemeinde im Remstal.

## »Und der Herr sprach«

Ich verkündige die großen Wahrheiten der Heiligen Schrift mit Herzen, Mund und Händen. Mittendrin fegt meine Linke den Spickzettel von der Kanzelbrüstung. Munter flatternd betritt er den Luftraum. Die Gemeinde ist fasziniert. Ich spreche weiter, während sich das Blatt in immer neuen Loopings dem Altar nähert, um schließlich hinter ihm zu landen.

Wer ein großer Redner werden will, der zeigt natürlich jetzt erst recht, was er kann. Und so predige ich weiter und proklamiere das Heil: »Und der Herr sprach...«

Gerade habe ich diesen Satz in die Kirche hineingerufen, da erscheint vor meinem Bauch mein Zettel wieder. Die gute Mesnerin hat ihn aufgehoben, ist auf die Kanzel gestiegen und streckt ihn mir unauffällig von hinten her zu.

Höflich, wie ich erzogen bin, arbeite ich das Ereignis sofort in die Predigt ein und verkünde der Gemeinde: »Und der Herr sprach... vielen Dank, Frau Vollmer.«

Was mich nur nachdenklich stimmt: So einen Blödsinn haben sich die Leute damals gemerkt. Von der Predigt weiß keiner mehr etwas. – Ich auch nicht.

## Zwangstaufe

Eine meiner ersten Taufen als junger Vikar: Im vorbereitenden Gespräch mit den Eltern habe ich mir alle Mühe gegeben. Mit den Eltern. Mit dem Thema. Mit dem Kind noch nicht, denn es war nicht dabei. Ich lerne es erst im Taufgottesdienst kennen. Die Kleine ist fünf Jahre alt und flennt schon während des Eingangsliedes.

Als Pfarrer bin ich ja mit Großmut und Toleranz ganz besonders ausgestattet... So lächle ich freundlich gegen den Lärm an und predige weiter. Ein zäher Kampf beginnt: Taufansprache gegen Kindergekreische. Die Taufansprache hat verloren. Längst hört mir keiner mehr zu.

Schließlich geht's zur Sache. Die Familie kommt zum Taufstein. Der Pfarrer ist bereit, das Wasser ist bereit, Eltern und Paten sind bereit – aber das Kind ist irgendwie weg. – Schnelle Schritte Richtung Hauptausgang. Wir ahnen: Der Täufling ist getürmt. Die Verwandten brettern hinterher. Weil sie das schwere Hauptportal nicht aufkriegt, wird die Kleine am Ausgang erwischt. Sie strampelt, kratzt und spuckt. Aber die entnervte Familie ist jetzt zum Äußersten entschlossen. An allen Vieren tragen sie das Opfer herbei und halten es mir hin. Ich greife nach dem Taufwasser. Aber meine Hand erreicht nie auch nur die Nähe des blonden Zielortes. Es wird eine Spritz-Taufe mit zugerufener Handauflegung, eine Art sakramentaler Fernbedienung...

In der Erinnerung frage ich immer noch, praktisch-theologisch und so: Ob das alles so richtig war?

## Kleider machen Leute

Ich trage gerne legere und sportliche Kleidung. Nix Anzug, Schlips und Bügelfalten. Damit bin ich bei manchen Leuten schnell unten durch. Bei sechs Milliarden Weltbevölkerung fällt das aber kaum ins Gewicht.

Als Vikar war ich allerdings noch unsicher. Gute Freunde hatten mir gesagt, dass man als Pfarrer immer gut gekleidet sein muss. Sie kauften mir sogar einen schnieke-pieke-feinen braunen Anzug.

Damit stolziere ich dann in meine erste Kinderkirch-Vorbereitung...

Aber schon beim Verlassen der Wohnung bemerke ich, dass irgendetwas nicht stimmt. Als ich an ihrer Tür vorbeigehe, fragt mich eine junge Nachbarin: »Wo ganget Sie denn na?« Als ich meine Absicht offen lege, verschwindet sie im Hausflur. Ich glaube, sie hat gelacht...

Im Kreis der Kinderkirch-Leute empfand ich dann erst recht, dass der Spruch nicht immer gilt: »Kleider machen Leute.« Es gilt auch dies: »Manche Kleider machen manche Leute unmöglich.« –

Den Anzug habe ich schnell verschenkt.

## Grußwort mit Turnhose

Schlimmer – im Blick auf Kleidung – erging es einmal einem Kollegen:

Am Samstagnachmittag steht er, der Junggeselle, in seinem Pfarrgarten und mäht den Rasen. Es ist heiß, er trägt nur ein T-Shirt, eine weiße Turnhose und Badeschlappen. Plötzlich durchzuckt ihn eine Erinnerung: »Ich soll doch in der Nachbargemeinde irgendein Grußwort sagen?!«

Nun: Grußwort? Samstagnachmittag? Nachbargemeinde? Es kann sich kaum um etwas Größeres handeln. So fährt er gleich los, gekleidet wie er ist. Im Gemeindehaus des Nachbarortes ist es ruhig. Er öffnet vorsichtig die Tür zum Saal und – erstarrt: Der Saal ist schwarz. Alle Leute in dunkler Kleidung. Festatmosphäre. Da schlägt der Wind die Tür hinter ihm zu und alle schauen hin...

Die Lehre daraus: Gegen weiße Turnhosen bei Pfarrern ist nichts einzuwenden. – Unten drunter halt.

*Sven*

# Kirchen-Geschichten

Als Pfarrer, der in der Regel neben seiner Kirche wohnt, gibt es mit diesem Gebäude öfters etwas zu erleben. Bei uns zum Beispiel, dass ein Sohn vom Kirchturm pinkelt. Oder dass am Samstagabend bei einem Sturm ein Baum darauf fällt – plötzlich ragt der armen Organistin ein dicker Ast ins Gesicht...

Oder dies:
Während einer kirchlichen Trauung kommt über mir, direkt am Altar, ein Haken herunter. Daran hängt im Dezember der große Adventskranz. Im Juli nicht. Da ist er nur ein dicker Haken. Und der sieht blöd aus, wie er nun so langsam herabbaumelt und sich dem Kopf des Pfarrers nähert...

Sohnemann Sven ist gerade auf dem Kirchendachboden... Mein durchdringender Ruf von unten »Haken rauf!«, gehört zwar nicht zur Liturgie, ist aber jedermann einsichtig...

Die Glocken einer normalen Kirche werden von einer Firma regelmäßig gewartet. Bei unserer Kirche ist es wieder so weit. Der Monteur ist da. Nach drei Stunden meldet er: »Alles bestens.«

Beim Abendläuten funktionieren allerdings die Glocken nicht mehr. Stattdessen läutet es nachts um zwei Uhr. Das volle Geläute für den Hauptgottesdienst. In der nächtlichen Stille ist dies ein mächtiger Sound. Meine Frau und ich liegen wie gefroren im Bett. Was tun? Soll ich mich anziehen und auf den Glockenturm steigen? Irgendwelche Sicherungen rausdrehen? Womöglich hört das Geläute gerade dann auf, wenn ich dort bin... Man kennt das ja vom Telefon... Vielleicht stört das Läuten ja gar niemanden? Die Leute schlafen ja alle...

So warten wir ab. Und tatsächlich, nach etwa 15 Minuten hört das Läuten wieder auf. Am nächsten Morgen ruft der Nachbar an. Er ist immer noch ganz außer sich.

## Glocken

Ob ich etwas gehört habe heute Nacht... »Heute Nacht? – Ach so, die Glocken meinen Sie...?«

Dummerweise vergaß ich den Vorfall untertags wieder. In der folgenden Nacht hat es tatsächlich um zwei Uhr wieder angefangen zu läuten...

Aber nun wussten wir ja schon, dass es nach 15 Minuten von alleine wieder aufhört...

Das Thema »Glocken« kam in jenen Tagen nicht zur Ruhe. Sie läuteten nicht, wenn sie läuten sollten. Und sie schwiegen nicht, wenn sie schweigen sollten.

Am Sonntagmorgen lag der Zivi rücklings unter der Hauptglocke und stieß sie mit den Beinen an. Damit riefen wir zum Gottesdienst: Bing... (lange Pause)... Bing... (lange Pause)... Für jeden Gottesdienstbesucher gab es gewissermaßen ein persönliches Extra-Bing...

## Festgeläute

## Kirchenkonzert

In unserer Kirche ist ein Konzert angesagt: Orgel und Trompete. Wir haben mächtig Werbung gemacht und rechnen mit einem vollen Haus. Eine Stunde vor Beginn ruft die Mesnerin an, ich solle doch mal in die Sakristei kommen. Dort sagt sie mir mit Grauen im Blick: »Die Glocken gehen nicht und die Heizung lässt sich auch nicht mehr regulieren.« Tatsächlich: In der Kirche ist eine Bullenhitze. Der Organist, der für das Konzert übt, hat einen knallroten Kopf. Was tun?

Glücklicherweise kommt gerade ein Mitarbeiter, ein junger Elektro-Lehrling. Er sichtet kurz die Lage, greift dann zur Zange, zwickt ein Kabel ab und – die Orgel schweigt. Der Organist ruft von der Empore herunter um Hilfe. Der Lehrling probiert neue Kabelverbindungen: Jetzt läuten die Glocken, aber die Heizung fällt aus. Orgel und Heizung funktionieren daraufhin nur noch, wenn man ihr Kabel zusammenschließt. Ein innerer Zusammenhang, der mir bis dahin auch nicht klar war...

Um 20 Uhr beginnt dann ein grausamer Abend. Das Konzert ist gut besucht. Die Orgel ist wegen der Hitze völlig verstimmt. Die Trompete findet den gesamten Abend keinen Zugang zu ihr. »Sie konnten zusammen nicht kommen...« Es gibt immer nur entfernte Annäherungswerte...

Einzigartig an diesem Abend ist auch das Triangelspiel. Der angereiste Musiker muss im gesamten Konzert nur ein einziges Mal zuschlagen. Er tut es auf die Minute genau... Ich bedanke mich bei den Abkündigungen auch für diesen minutiösen Beitrag.

Übrigens weiß ich noch den Titel jenes Konzerts: »Wenn der Herr nicht das Haus baut...« Es war eine Uraufführung. Soweit ich weiß, war es auch eine Endaufführung. Ich habe nie mehr davon gehört...

# Mesnergeschichten

Das langjährige Mesnerehepaar ist in den Ruhestand gegangen. Eine rechte Katastrophe für die Gemeinde. Es findet sich auch in den folgenden Monaten kein Nachfolger. Die Vorgänger waren zu gut!

Schließlich übernehmen meine Frau und ich dieses Amt. Es wird eine schöne Zeit. Ich bekomme ein ganz anderes Verhältnis zu unserer Kirche. Die Altarblumen – am Samstagabend mit den Kindern vom Wegrand gepflückt. Die Lieder – mit eigener Hand falsch aufgesteckt ...

Dann kommt ein katholischer Zivi und übernimmt das Kommando. Sein konfessionelles Wesen stört weniger als sein unkonventionelles: Alte Birkenstock-Schlappen, Kleider vom Flohmarkt, die rechte Mesnerwürde will an ihm einfach nicht aufkommen ...

Auch sonst: Als der Taufgottesdienst zu Ende ist und die Menschen vor der Kirche stehen, kommt der Zivi-Mesner mit der Taufwasserschale und schüttet den Inhalt ins Gebüsch. Das übrig gebliebene Abendmahlsbrot verschwindet im Abfalleimer des Gemeindehauses ... Es gab einiges zu schlichten damals.

Und doch: Er war ein herrlicher Mesner! Wir würden ihn wieder anstellen! Er identifizierte sich ja so sehr mit uns und den heiligen Anliegen des Hauses – so sehr, dass er die Haushaltspraktikantin der Pfarrfamilie heiratete.

## Vertretung

Der Nachbarpfarrer ist beliebt, gebildet und hoch geachtet. Ich habe ihn noch nie vertreten dürfen. Einmal aber muss es sein. Er findet keinen Besseren. So halte ich eine Beerdigung für ihn.

Als ich wieder zu Hause bin, ruft seine Frau an und fragt, ob alles gut verlaufen sei. »Ja«, sage ich, »es war eine Bombenstimmung auf dem Friedhof. Die Leute waren derart begeistert, dass wir den Sarg dreimal rauf- und runterlassen mussten ...«

Entsetztes Schweigen am anderen Ende der Leitung. Dann: »Ooooooh, das macht mein Martin aber nicht ...«

## Bürgermeisterwahl

Wieder ist die Amtszeit des Bürgermeisters abgelaufen. Der Wahlkampf tobt. Sichtbares Zeichen: Die Kandidaten sitzen sonntags im Gottesdienst. Selbstverständlich habe ich als Pfarrer für alle Menschen da zu sein und muss mich der Parteilichkeit enthalten. So auch bei der Wahl selbst. Ich stehe in der Wahlkabine und überlege, wen ich ankreuze. Da fällt mir ein Ausweg ein. Ein Kandidat würde mich am allermeisten überzeugen – meine Frau. Aber sie steht nicht auf der Kandidatenliste. So füge ich ihren Namen dem Wahlzettel handschriftlich bei und kreuze ihn an.

Die Zeitung veröffentlichte das Wahl-Ergebnis:
1. ...
2. ...
3. ...
4. Bärbel Wolfsberger (1 Stimme).

Der wieder gewählte Bürgermeister rief darauf im Pfarrhaus an und gratulierte meiner Frau zur »einstimmigen Wahl«.

Pikant war nur: Der Gewinner hatte nur mit zwei oder drei Stimmen Vorsprung gewonnen!

Nicht auszudenken, was passiert wäre, wenn ich meine Wahl-Idee etwas früher gehabt und davon gesprochen hätte. Das hätten womöglich einige Leute nachgemacht. Das wäre schade gewesen. Denn der Bürgermeister war ein guter Bürgermeister.

*Mutter Bärbel mit Rike, Hanna und Tine*

Der alte Gymnasialprofessor Wunderlich, Verfasser vieler christlicher Bücher, sagte mir einmal: »Wenn Sie überlegen, welche Pfarrstelle Sie aussuchen sollen, so entscheiden Sie nach dem, wo Ihre Frau gerne wohnt.« Also nach der Qualität der Pfarrwohnung. Der Rat hört sich ziemlich eigennützig an, ist aber nicht schlecht.

Doch wir hielten es anders. Besonders auf der ersten Stelle. Der Zustand des Pfarrhauses dort hatte alle früher interessierten Kollegen vertrieben.

## Pfarrhaus-Idylle

Es hatte zwar einen liebevollen Charme, aber auch seine Mängel:

Gleich jenseits der Haustür stieß man aufs Gemeinde-Klo. Gebaut zu Zeiten von Sem, Ham und Japhet. Danach roch es auch noch. Der Gemeindesaal bestand aus zwei zusammengelegten Zimmern. Zwischenwand raus, fertig. Nebenan und oben drüber Wohnungen. Hellhörigkeit bekämpften wir durch dicke Schichten erbettelter Teppiche. Es war schön.

Nach oben zur Pfarrwohnung gelangte man durch eine Schwingtür, deren Geräusch ich auch nach über zwanzig Jahren noch im Gehör habe. Dahinter ein einzigartiges Areal: Die Küche erreichte man nur, indem man in einem weiten Rundlauf sämtliche anderen Zimmer der Wohnung durchquerte. Jeder Raum war gleichzeitig Flur. Einschließlich Badezimmer. Letzteres hatte zwei Türen, die eine davon eine nicht abschließbare Pendeltür, mit allen Folgen...

Wir lernten damals den Vorteil von viel Badeschaum kennen:

Eines Samstags sind im unteren Stockwerk viele Menschen versammelt. Eine Veranstaltung ist angesetzt. Darum bade ich vorher. Aber kaum bin ich in der Wanne, da kommt eine Mitarbeiterin. Sie will sich im Bad die Hände waschen. Da die eine Tür verschlossen

*Rike*

ist, nähert sie sich von der anderen Seite. Durch die Milchglasscheibe sehe ich sie kommen und – tauche ab. Durch Schaumberge hindurch erkenne ich ihre Konturen am Waschbecken. Das Geräusch fließenden Wassers übertönt meine seltenen Atemzüge. Sie bemerkt mich nicht. Dann öffnet sie die zweite Tür und entfernt sich wieder ...

Seit jenem Tag befestigten wir beim Baden die Pendeltür mittels einer Seilverbindung am Heizkörper.

*Hochwürden Hanspeter*

## Meine Lieblingsfarbe

Ich gehöre zu den 10 Prozent Männern, die die so genannte »Rot-Grün-Schwäche« im Auge haben. Für mich ist das Grün an der Ampel weiß oder einfach hell. Zwischen gelb und rot kann ich nur mittels oben und unten unterscheiden. Dennoch habe ich eine Lieblingsfarbe.

Ich finde nämlich, dass blau gut zu mir passt. Das sehe ich auch gut. Und so bevorzuge ich diese Farbe auch an den Kleidern. Manchmal fast zu sehr.

Wieder einmal sind wir umgezogen auf eine neue Pfarrstelle. In den ersten Tagen besuche ich die kirchlichen Mitarbeiterinnen und Mitarbeiter. Darunter die prächtigen Hausmeistersleute im Evangelischen Gemeindehaus. Ich läute an der Haustür und warte.

Nach einer Weile erscheint eine freundlich-resolute Frau auf dem Balkon über mir. Ich zeige mich und will mein Anliegen vorbringen. Aber ich komme gar nicht zu Wort. Denn kaum hat sie mich gesehen, da ruft sie schon über die Schulter ins Haus: »Kurt, gang nonter, dô dronte isch oiner vo dr Poscht.«

## Vergessene Gottesdienste

Die Kirchengemeinde hat zwei Außenorte, die ebenfalls mit Gottesdiensten zu versorgen sind. Sonntagabends um 18 Uhr läutet das Telefon. Gut gelaunt nehme ich den Hörer ab: »Herr Pfarrer, kommen Sie noch? Wir warten seit 40 Minuten.« Bis ich mich umgezogen habe und hingefahren bin, sind weitere 20 Minuten vergangen. Mittlerweile sind die Leute wieder heimgegangen. Was tun?

Ich erkundige mich bei der Mesnerin, wer da gewesen ist. Dann besuche ich alle, von Haustür zu Haustür und bitte sie, mein Versäumnis zu entschuldigen. Eine üble Geschichte, aber durch den Bußgang ist sie gerade noch mal gut gegangen.

Ein Vierteljahr später läutet das Telefon wieder: »Herr Pfarrer, kommen Sie noch? Sie haben doch eine Taufe?« Es war genau dasselbe wieder passiert: Ich habe den Gottesdienst am Sonntagabend einfach vergessen. Dabei war der Schulrektor mit seiner Familie zur Taufe seines Enkels gekommen...

Und: Ich mag's ja kaum sagen, aber diese Katastrophe ist mir in der gleichen Gemeinde sogar noch ein drittes Mal passiert. Unfasslich.

Wenn man etwas unbedingt vermeiden will, wenn man einen Fehler auf keinen Fall machen will...

Übrigens:
Einem Kollegen in jener Gegend ist es ähnlich ergangen. Den schüttelt es heute noch, wenn er davon spricht. Er war passionierter Segelflieger. Eines Nachmittags meint er, ein wenig »Luft« zu haben und startet vom Klippeneck aus eine Segeltour. In großen Kreisen fliegt er auch über seinen Wohnort. Plötzlich entdeckt er unter sich eine schwarze Menschenansammlung. Auf dem Friedhof! Beerdigung vergessen! –
Per Luftlinie war es ja nicht weit, aber ...

Ein Kollege war zum Predigen eingeladen. Der Veranstalter war sehr großzügig: »Sie können sprechen, so lange Sie wollen.« Er sprach lange. Nach zweieinhalb Stunden bemerkte er bei den Zuhörern Jalousieschwierigkeiten. Er setzte zur Landung an: »Eigentlich hätte ich noch viel zu sagen, aber Jesus hat mir zugeflüstert, dass ich aufhören soll.« Darauf stimmte einer aus der Gemeinde das Lied an: »Welch ein Freund ist unser Jesus ... «

## »Welch ein Freund ist unser Jesus«

# Missgeschicke

Jahresfest in Bad Harzburg. Ich bin zur Festpredigt in der Stadthalle eingeladen. Es ist ein schöner Anblick: Der geschmückte Saal, ein farbenprächtiger Chor, sogar der Oberbürgermeister ist da…

Aus unbekannten Gründen bin ich schon vorzeitig im Saal. 10 Minuten zu früh, das passiert mir selten. Dann wäre ja noch Zeit für einen Gang zur Toilette?

## Der rettende Heide

Ich gehe ins untere Stockwerk. Als die Klotür hinter mir zuschlägt, fällt auf der Innenseite der Türgriff heraus. Es ist eng in der Zelle, beim Bücken stoße ich auch noch mit dem Fuß gegen den Griff, worauf dieser sich in Richtung Nachbarkabinen davonmacht. Ich kann ihn sehen, weit, weit weg… Vor Schreck vergesse ich ganz, was mich hierher geführt hat. Ich will nur wieder raus. Aber wie?

Mittlerweile fängt droben im Festsaal das Programm an. Posaunen spielen. Ich höre eine schwungvolle Stimme am Mikrofon: Die Begrüßung. Wahrscheinlich werde ich der Versammlung gerade vorgestellt…

Derweil suche ich weiter nach Fluchtmöglichkeiten. Durch die Decke? Keine Chance. Da sitzen die 1 000 Leute vom Festsaal drauf. Durch die Wand? Ich bin nicht Schwarzenegger. So versuche ich die Brüstung meiner WC-Kabine zu erklimmen. Vielleicht komme ich durch den Spalt da oben raus? Aber dieser ist so schmal, dass kaum meine Schuhe durchpassen.

Da fällt mir nur noch eine Lösung ein: Ich hole die Klobürste, zwänge mich nochmals in den Spalt unter der Decke und versuche mit der Bürste nach dem Außengriff meiner Tür zu stoßen.

In dieser Haltung, die Bürste schwingend wie ein Elefant seinen Rüssel, findet mich ein Heide. Es muss ja wohl ein Heide sein, denn die Frommen sitzen ja alle droben im Festsaal.

Ich grüße den staunenden Fremden mit dem alten deutschen Ruf: »Heee!«

Er versteht und befreit mich.

## Voll eins auf die Ohren

Ein schwieriges Brautpaar hat sich zur Trauung gemeldet. Schon während des Traugesprächs zanken die beiden unentwegt. Der Gottesdienst scheint schwierig zu werden. Es gibt viele Zusatzwünsche von Seiten der Braut. Und die Dame kann kriegerisch werden, wie ich miterlebt habe ...

Dann ist es so weit. Konzentriert arbeite ich die bräutlichen »Regieanweisungen« ab. Selbst zu einer Predigt reicht's noch. Dann ist alles vorbei. Die Orgel spielt das Postludium und das Brautpaar bewegt sich in Richtung Ausgang. Da sehe ich in der vordersten Kirchenbank etwas liegen: Die Braut hat ihren Brautstrauß vergessen. Ich packe ihn, eile ihr nach und überreiche ihn ihr – mittlerweile bester Laune – mit einer übertrieben großzügigen Verbeugung.

Als ich mich schwungvoll wieder zurückziehen will, bleibe ich mit der Hand in der Schlaufe des Brautstraußes hängen. In einem Zug flutscht er der Braut durch die Faust und »pflatscht« auf den Fußboden. Dort öffnet er sich und zerfällt in alle Einzelteile.

O Schreck! Gerade bei dieser Trauung durfte so etwas ja nicht passieren. Erschrocken nehme ich kurz meine Hände vors Gesicht, will dann nach unten tauchen, um die Blumen aufzuheben. Aber der Bräutigam ist einen Tick früher unten, worauf ihm meine hilfsbereite Hand heftig eins aufs Ohr haut. Seine Brille macht sich davon. Sie hängt am Jackett. Der arme Mann sucht nach ihr, ist wild hin- und hergerissen zwischen Brille, Braut und Blumenstrauß. Ein Gefühl von Verlorenheit ist um ihn ... und um mich auch.

Ein sicherer Instinkt sagt mir nun: »Hier und heute kannst du nichts mehr retten. Höchstens noch dich selber.« Das mache ich dann auch.

## Die bekleckerte Braut

Die kirchliche Trauung ist vorüber. Das Brautpaar lädt mich zum Hochzeitsessen ins Gasthaus ein. Ich kriege den Ehrenplatz neben der Braut.

Als das Hauptmenü gereicht wird, hält mir irgendjemand die Salatschüssel hin: »Nehmet Se, Herr Pfarrer!«

Weil ich den Salat stets gut feucht mag, am liebsten von ganz unten in der Schüssel, greife ich mit dem Besteck tief hinunter, dorthin, wo die Salatsoße ist. Ein beherzter Zugriff, dann die Überführung auf meinen Teller ... Aber auf halber Luftstrecke schnappt mein Besteck übereinander und der triefende Salat landet statt auf meinem Teller – auf dem Oberschenkel der Braut.

Diesen Anblick werde ich nie vergessen: Feldsalat auf Hochzeitskleid. Entsetzlich. Ich wäre am liebsten gleich heimgegangen. Selbst die Salatsoße versucht sich schamhaft davonzumachen und tropft verschämt auf die unteren Bereiche der Braut.

Ganze Horden von Frauen machen sich an der Braut zu schaffen. Ein Lärm ist losgebrochen wie bei der Schlacht von Waterloo. Ich sitze immer noch da mit meinem Besteck in der Hand und warte auf das Weltende. Da höre ich aus dem Gefechtslärm die Stimme der armen Braut: »Aber Herr Pfarrer, das macht doch nichts!«

Na dann ...

Mit der Pünktlichkeit stehe ich schon seit tausend Jahren auf Kriegsfuß. Ich habe es mit allem probiert. Mit biblischen Mahnungen (»Wer im Geringsten treu ist...«), mit vorgestellten Uhren, mit überhöhten Geschwindigkeiten auf der Straße, mit extrem frühen Abfahrtszeiten...

## Das Elend mit der Pünktlichkeit

Aber immer wieder komme ich zu spät. Hundsgemeine Staus, ein Anruf kurz vor der Abfahrt, niederträchtige Sonntagsfahrer, Nebel...

Einmal steht ein Vortrag an in Kempten. Ein Lastwagenfahrer vor mir will da wahrscheinlich auch hin. Seit über einer halben Stunde hemmt er mich. Jetzt geht es um Minuten. Punkt 20 Uhr stehe ich im Gelände: Halle XY.

Aber wo ist sie?

Im weiten Gelände stehen etwa fünf oder sechs hell erleuchtete Hallen. Und niemand ist unterwegs, den ich fragen könnte. So fange ich irgendwo an. Aber nun verbindet sich das Unglück mit einem weiteren Schicksal meines Lebens: Ich finde das, was ich suche, immer erst ganz zuletzt. Als allerletzte Möglichkeit. Das ist immer so. Immer. Immer...

Als ich um 20.30 Uhr (!) die richtige Halle erreiche, weiß ich zweierlei: Einmal, was in allen anderen Hallen abgeht und zum anderen, wie ein Veranstalter aussieht, dem die Nerven blank liegen.

An diesem Abend werden dennoch eine Rekordzahl von Kassetten verkauft. Zur Beruhigung der Wartenden habe ich nämlich zu Beginn des Vortrags meinen damaligen Lieblingswitz erzählt...

(Fragen Sie nach meiner Telefonnummer, dann erzähle ich ihn noch mal!)

Ein andermal, Ostermontagskonferenz im Schwarzwald. Ich bin bis auf etwa 1,5 Kilometer Luftlinie an den Veranstaltungsort herangerückt. Und es ist noch fast eine Stunde Zeit bis zum Beginn ... Unfassbar! Wie konnte dies passieren? Was soll ich in dieser Zeit tun?

Ich beschließe, einen Mittagsschlaf im Auto zu machen. Auf einem Waldweg, in Sichtweite der Kirche. Also: Sitz runter, Wecker stellen, ratzen. 10 Minuten vor der Veranstaltung werde ich geweckt. Sitz wieder hoch, Start und los! Aber was ist denn das? Hinter der nächsten Kurve des Waldsträßchens endet die Fahrt an einer Schranke. »An Sonn- und Feiertagen geschlossen.« Ich traue meinen Augen nicht. Die Kirche ist zum Greifen nahe. Es läutet schon. Und ich muss zurückfahren und eine neue Anfahrt suchen.

## Pünktlichkeit 2

Als ich endlich zur Kirche komme, bin ich wieder mal 10 Minuten zu spät und die verantwortlichen Brüder haben jenen verzweifelten Blick, den ich so fürchte.

## Pünktlichkeit 3

Abendgottesdienst in einer Waldkapelle. Gerade will ich mein Studierzimmer verlassen, um loszufahren, da läutet das Telefon. Ein kleiner Junge ist am Apparat. Vielleicht fünf Jahre alt. Er hat sich verwählt. Er sagt mir, dass er seine Eltern suche. Sie seien aus dem Haus gegangen und er könne nicht einschlafen, weil er Angst habe ...

Ich schaue auf die Uhr: Noch maximal fünf Minuten bis zum Beginn des Gottesdienstes. Gut vier Minuten brauche ich für die Anfahrt... Aber da ist auch noch der kleine Bub mit seiner Angst ...

Ich schlage ihm vor: »Jetzt nimm einfach das Telefon mit ans Bett und kuschle dich rein. Und wenn du willst, dann erzähle ich dir eine Geschichte. Willst du?« Er will. Und dann erzähle ich ihm eine ...

Den wartenden Gottesdienstbesuchern habe ich es nachher erzählt. Dabei habe ich zum ersten und einzigen Mal Beifall bekommen für meine Unpünktlichkeit ...

Das hat mich sehr ermutigt ...

Ein Buch, das mich außerordentlich angesprochen hat, ist: George Carey, »Kirche auf dem Markt«. Es schildert den Aufbruch einer kleinen, frustrierten Gemeinde in England hin zu einer dynamischen Versammlung, in der viele gottferne Menschen erfahren: Unser Gott lebt.

George Carey beschreibt die notvollen Anfänge. Alle äußeren Bedingungen – Zahl der Mitarbeiter, Finanzen, Gebäude und Image – sind schlicht katastrophal. Außerdem: Der Gemeinderat ist überaltert, in sich uneins und der zuständige Pastor gesundheitlich angeschlagen. Was soll aus diesem Trümmerhaufen noch werden?

> »Was sich nicht fügt, wird ein Un-fug«

Sie beginnen zu beten und Gottes Macht in einem regelmäßigen Abendgottesdienst zu bezeugen. Diesem Termin, so haben sie vereinbart, gehört die höchste Priorität. Alles andere kommt später.

Was danach kommt, ist faszinierend: Menschen werden wie von alleine auf diese Gottesdienste aufmerksam. Über der Zuwendung zu Gott vergessen die geplagten Mitarbeiter fast, dass es weiterhin durch das Kirchendach regnet.

Nach einem Jahr soll doch noch ein Umbau beschlossen werden. Jede Stimme zählt bei der Abstimmung. Denn es gibt immer noch zahlreiche »Bremser«. Vor der Sitzung hat George Carey einen Autounfall. Er kann nicht dabei sein. Er muss den Ausgang der Abstimmung in Gottes Hände legen. Er soll die Dinge fügen. Und es ist erstaunlich: Auch ohne Carey wird der Neubau beschlossen. Und das hat sogar den Vorteil: Jetzt ist das Bauvorhaben nicht mehr »des Pastors Sache«, sondern »Gemeindesache«.

Und noch etwas geschieht: Weil die Kopfschmerzen bei George Carey seit dem Unfall nicht mehr aufhören, »...legten mir einige Gemeindeglieder während des Gottesdienstes die Hände zur Heilung auf. Es war eine bewegende Geste der Liebe und der Fürsorge, so daß ich um dieser Menschen willen dachte: ›Hoffentlich klappt es!‹«. Innerhalb von zehn Tagen ist er bleibend geheilt. Durch den stillen Dienst der Handauflegung und Fürbitte beim Abendmahlsgottesdienst.

Die Dinge unseres Lebens Gott hinhalten. – Das ist es! – Damit er sie füge.

Darum gibt es übrigens auch das »Haus der Stille« der Liebenzeller Mission in Betberg: Damit wir üben können, uns Gott hinzuhalten.

# Liebenzell

## Führungen

Ich habe nie vorher gewusst, ob ein neuer Weg richtig sein würde. Ich habe es immer erst in der Rückschau erfahren.

Nach acht Jahren in der ersten Gemeinde spürte ich, dass es Zeit wurde für einen Wechsel. Nur: Wechsel – wohin? Es gab eine Reihe Möglichkeiten. Es gab Anrufe, Anfragen … Die Entscheidung war schwer. Damals machten wir gerade eine Gemeindereise nach Israel. In Jerusalem ist mir einer der liebsten Plätze der Garten Gethsemane. Nicht im Touristen-Teil, sondern gegenüber, auf dem unbestellten Grundstück mit den vielen Ölbäumen. Es gibt eine niedere Stelle in der Mauer, da kommt man drüber. –

Es ist der Tag vor dem Heimflug. Und noch immer hat sich nicht geklärt, in welche Gemeinde wir wechseln sollen. Da kommt mir eine Idee: Ich baue mit Steinen einen kleinen Turm. Stein auf Stein, ungefähr 70 Zentimeter hoch. Er soll mein Zeuge sein. Ich fotografiere ihn und bete: »Lieber Herr, so wahr dieser kleine Turm hier steht, möchte ich tun, was du mit mir willst. Ich weiß nicht, wohin wir wechseln sollen, aber nun entscheiden wir mal für A. Bewahre uns oder korrigiere uns.«

Die Fotografie vom Türmle habe ich heute noch. Und dann hat es Gott wieder so gut mit uns gemacht!

Sechs Jahre später war erneut Wechselzeit. Zur Liebenzeller Mission oder in ein anderes Werk? Wieder sind wir in Jerusalem. Und wieder baue ich einen kleinen Turm … nein, zwei. Der eine steht für früher, der zweite steht für heute. Und ich bete wie damals.

Am nächsten Morgen, kurz vor dem Heimflug eile ich noch mal nach Gethsemane, um die Türmle zu fotografieren. Da sehe ich ein seltsames Bild: Gegen die Fall-Linie haben sich die beiden Türme zueinander geneigt und einen Torbogen gebildet. Eine freundliche Ermutigung, wie ich meine: Für Liebenzell. Es hat sich bestätigt.

## Bremser

Als Konrad Eißler erfuhr, dass ich Leiter der Liebenzeller Mission werden soll, sagte er während eines Missionsfestes zum neben ihm sitzenden Ernst Vatter: »Der Wolfsberger? Des isch aber en anderer!«

Darauf Ernst Vatter in tiefer Weisheit: »Des macht nix. Mir hend so viel Bremser bei ons im Werk, dô brennt nix ô!«

## Der »neue Kurs« in Liebenzell

Ich bin nicht zur Liebenzeller Mission gegangen, um dort die Dinge auf den Kopf zu stellen. Ich habe bei meiner Vorstellung nur darum gebeten, dass man das bitte auch von mir nicht verlange: dass ich mich auf den Kopf stelle.

Im Jahr meines Wechsels nach Bad Liebenzell ging im Tübinger Stift der Spruch um: »Wolfsberger führt die Liebenzeller Mission ins nächste Jahrhundert. Vom 16. ins 17. ...«

Manche wussten schon vorher: Der Neue macht das Werk kaputt! Diese Personalentscheidung sei für die Liebenzeller Mission eine Katastrophe, sagte einer. Wieder ein anderer schlug mir eine Namensänderung vor, weil der »Wolf« schon in der Bibel solch ein schlechtes Image habe. Freunde meinten früh, dass ich von meiner Art her nicht in dieses Werk passe. Ich sei weder ein strammer Konservativer, noch ein Sitzungsmensch und schon gar nicht hart genug für viele Auseinandersetzungen. Ich gehöre auf Kanzeln und an Mikrofone, meinten sie.

Tatsächlich waren die ersten beiden Jahre als Direktor der Liebenzeller Mission nicht leicht. Und als ich nach zwei Jahren schwer krank wurde, ging mancherorts der Satz um: »Jetz hend se en hee gmacht.«

Aber es war doch eine sehr, sehr gute Zeit! Ich habe bei der Liebenzeller Mission Menschen kennen gelernt, die täglich für mich beten. Und wie Gott uns geholfen hat, all die Jahre hindurch! Neue Brüder kamen hinzu. Die Missionsleitung wuchs zu einer prächtigen Mannschaft zusammen und eine dickere Haut ist mir auch gewachsen ...

Und wer hätte je gedacht, wie viel und herzlich wir in Liebenzell mal noch lachen werden ...

## Liedgut

Ich bin nicht wegen der christlichen Lieder zum Glauben gekommen. Bestimmt nicht. Zu jener Zeit spielte ich in einer Band. Es gab damals die »Beatles« und die »Rolling Stones« und uns. Und nur wenige rätselten, welche Band die eigentlich beste sei. Der Name unserer Band war »The The«. Weil wir uns auf nichts Gescheiteres einigen konnten, blieb es bei den beiden sinnlosen Artikeln...

Unser Talent war groß, die Ausrüstung bescheiden: Eine Wandergitarre, eine alte Laute, der ausgebaute Tonabnehmer von Tantes Radio, ein geliehenes Schlagzeug, verschiedene Heimwerker-Rhythmus-Instrumente. Kaum einer konnte Noten lesen. War auch nicht schlimm, denn wir hatten eh keine. Überhaupt trainierten wir hauptsächlich an einem einzigen Stück: »House of the Rising Sun«. – Nach uns nicht halb so gut von den »Flippers« gesungen. Ich kann es heute noch. Erst spät allerdings erfuhr ich vom tatsächlichen Inhalt dieses Liedes, nämlich dass jenes »house« ein Freudenhaus meint. Ich erfuhr es so:

Als ich zu Beginn meiner Tätigkeit in Liebenzell eine Missionsreise in die Südsee machte, klimperte ich auf der Insel Tol dieses Lied. Darauf sagte ein amerikanischer Missionar: »Spätestens jetzt ist mir klar, dass in Liebenzell eine neue Zeit anbricht...«

## »Nww«-Gefühle

Wenn ich zu einem Frauenfrühstück eingeladen bin und manchmal Hunderten von Frauen gegenüberstehe, dann suchen meine Augen in allen Ecken des Saales – nach einem Mann. Sonst nicht. Aber da schon. Und sehe ich keinen, dann kriege ich meine »Nww«-Gefühle: »Nix-wie-weg!«

Beim Durchstöbern meiner Tagebücher habe ich wieder entdeckt, dass ich diese »Nww-Gefühle« allerdings auch schon bei anderen Gelegenheiten gehabt habe:

- Als unser Jüngster aus dem Fenster gefallen ist, meine Frau alleine in der Klinik wachen musste – und ich zu Diensten im Ausland war, da dachte ich: Nww von diesem Job!
- Wenn einer mich als Verräter der Väterlinie, Bibelkritiker, Türöffner des Schwarmgeistes, Verderber für das Werk bezeichnet hat, dann kam es wieder: Nww von Liebenzell.
- Wenn meine Kinder mir gezeigt haben: Der Papa hat immer mehr Zeit für andere als für uns – puuuh, da war's ganz stark: Nww aus diesem Beruf! Lieber Zimmermann werden!

Ein Brief aus dem Jahr 1994 hat mich oftmals gehalten. Ein Prediger im Ruhestand, der meine Niedergeschlagenheit ab und zu bemerkte, schrieb mir damals: »Lauf nicht weg... Du wirst nirgends anders glücklich sein können. Wer sich von seiner Berufung amputiert, schneidet sich ins eigene Fleisch.«

Bitte nehmen Sie Stellung: 1. Ökumene: Wie stellt sich die Missionsleitung dazu? 2. Wie stark lässt sich die Liebenzeller Mission von gesellschaftlichen Trends beeinflussen?«

Nach einem Jahr Dienst in Liebenzell werde ich in eine landeskirchliche Gemeinschaft vorgeladen. Ich soll Rede und Antwort stehen. Was ist passiert?

## Was Kerzen sagen

Ich gehe hin und erfahre: Die Abendgottesdienste in Bad Liebenzell... Man habe gehört, es gebe viele Kerzen dort. Ein Wohlfühlgottesdienst! Das kann nichts Gutes sein. Und außerdem: »Kerzen sind katholisch«, sagt ein Mann.

Ich staune. Wo bin ich hingeraten? Auf jedem Tisch in der weiten Runde stehen zwei bis drei Kerzen... Es ist Adventszeit. Ich ahne, dass Adventskerzen unkatholisch sein müssen...

## Der Hirnverdreher

Ein Student klagte: Die schwüle Atmosphäre meiner Gottesdienste würden ihm die Sinne vernebeln. Meine Soft-Predigt mache ein Prüfen des Wortes unmöglich. Meiner Verkündigung könne er nichts Brauchbares entnehmen. Sie sei manipulativ, suggestiv und destruktiv.

Ein Beispiel für die Verführung: Ich habe mal gesagt, es gebe Leute, die eine Predigt eher »abhören«, statt ihr zuzuhören. Seither bemühe er sich wider Willen ums Zuhören… Das sei doch reine Manipulation…

Meinem Beginn in Liebenzell ging die Information voraus: Er hat's mit der Psychologie. Das hat einige Leute regelrecht gelähmt. Manche fanden erst nach Jahren einen Zugang zu mir.

Unterm Jahr kann viel vorfallen. Dinge können geschehen, die man überhaupt nicht kommen sieht:

Eine Vorfahrt wird nicht beachtet, eine überreizte Reaktion zugelassen, ein unpassender Vergleich gewählt, einer Versuchung wird nachgegeben. Man wird in dieser Welt schnell schuldig.

Da ist es von kaum zu überbietender Schönheit, wenn in einem Haus oder in einer Gemeinde ein Klima der Vergebung besteht. Ein Klima, nicht eine grundsätzliche Befürwortung. Ein Klima entsteht durch solche, die selbst Vergebung brauchen und sich darum kümmern. Denen der Weg zu Beichte und Abendmahl geläufig ist. Im Ernstfall kann man sie klar erkennen.

**»Vergebung schenkt Kraft«**

Einmal ist ein junger Seminarist schuldig geworden. Es fallen harte Urteile über ihn. Für manche scheint die Bestrafung zwingend. In der aufgeheizten Diskussion sagt einer der älteren Brüder leise: »Vergebung schenkt auch Kraft, und genau das brauchen unsere jungen Prediger im Dienst.«

Danach wird der Fall entschieden. Gott sei Dank.

*»Einfältig ist,*
*wer in der Verkehrung, Verwirrung*
*und Verdrehung aller Begriffe*
*allein die schlichte Wahrheit Gottes*
*im Auge behält.«*
Dietrich Bonhoeffer

## Die große Gabe

Ende 1993 teilte ich den Missionsfreunden mit, dass wir auf ein Spendenloch von mehr als einer Million DM zugehen. Dieses Schreiben berührte besonders – die Leitung des Altpietistischen Gemeinschaftsverbandes (AGV). Ihr Vorsitzender, Rektor Otto Schaude, teilte mir telefonisch mit, dass der Verband ein Sonntagsopfer für die Liebenzeller Mission bestimmen werde. Überall in den AGV-Gemeinschaften werde an einem bestimmten Sonntag für die Liebenzeller Mission gespendet.

Damals habe ich in mein Tagebuch geschrieben:
»Welch eine großzügige Geste. Diese Gabe beschämt uns. Wir Liebenzeller haben nicht überall den besten Ruf. Trotzdem tun die AGV-Leute so etwas für uns! Diese Gabe anzunehmen, ist nicht leicht. Verletzt sie nicht auch ein wenig unseren Stolz? Außerdem: Haben wir je in ähnlicher Weise nach anderen geschaut? Auf sie heruntergeschaut, ja. Aber nach ihnen geschaut wie Mose nach seinem Volk oder Paulus nach den Brüdern (Apg 15,36)? Wie schön wäre es, wenn wir selbst auf eine solche Idee gekommen wären! Ich bete, dass Gott einen Segen auf dieses Geld legt – auf jeden Fall für die Apis (Phil 4,17). Und ich erbitte von Gott, dass dieses Teilen eine innere Bewegung in unser Werk bringt: Ein großzügiges Denken über den eigenen Zaun hinaus ...«

Ein bisschen davon ist wahr geworden! Oder?

# Visionen

Unter dem Stichwort »Visionen« stellte unser Verwaltungsdirektor im Sommer 1994 folgende Forderungen auf:

1. Das Theologische Seminar soll nicht mehr so »miefig« sein, mehr Uni als Schule, mit attraktiver Außenwirkung, und es soll zusätzliche zeitgemäße Inhalte bekommen: z. B. Kommunikation.

2. In der Bruderschaft der Liebenzeller Mission soll es eine Fortbildung für alle geben.

3. Unser Motto 1. Timotheus 2,4 soll unser Handeln spürbar bestimmen.

4. Die Liebenzeller Mission soll wirtschaftlich sinnvoll mit anderen kooperieren.

5. Die Liebenzeller Mission soll ein Profil bekommen, das landeskirchlich und freikirchlich geschätzt wird.

6. Die Schwesternschaft braucht ein gutes Miteinander und Inhalte, die wichtiger sind als die äußere Form (Tracht).

7. Die Liebenzeller Mission soll für immer mehr Menschen erlebbar werden.

Ich schreibe diese Erinnerung den prächtigen Geschwistern der Missionsleitung in Dankbarkeit hier auf: Ihr habt ganz schön viel erreicht seit damals!

## Sitzungen

Sitzungen haben mitunter die Neigung, dass ihre Länge sich umgekehrt proportional zum Ertrag verhält. Dann wird es zäh, langatmig und unergiebig. Ein Meister der Sitzungsleitung in Liebenzell ist Hansgerd Gengenbach, der Verwaltungsdirektor. Einmal hat er eine unergiebige Diskussion mit den Worten gestoppt: »Des nützt jetzt nix, wenn mr an dera Kuah no weiter melket, dô muaß jetzt en Knopf nô...« –

Eine grausame Vorstellung...

Derselbe sagte bei einer Finanzdiskussion: »Wir leben von der Gunst der Götter«. Er meinte »Gönner«, Spender.

Beim Thema »Leitung« geht es mir ähnlich wie beim Thema »Erziehung«. Ich bin mit »gesicherten Erkenntnissen« sehr vorsichtig. Ich staune, wenn ich andere vollmundig darüber reden höre. Ich bin da eher kleinlaut.

## Leitungsgabe

Natürlich haben viele einzelne Leitungsprinzipien ihr Recht. Gleichzeitig reichen die Wände ja kaum aus, gegen die zahlreiche Prinzipienträger im Laufe der Zeit gelaufen sind.

Gelernt habe ich dies:
- Führen ist mehr als Kontrollieren.
- Machtverzicht ist auch ein Führungsmittel. – Und kein schlechtes!
- Anteil nehmen und Anteil geben ist mehr als delegieren.
- Kommunizieren ist mehr als informieren.
- Wer leitet, braucht Menschen, die ihn korrigieren.
- Und residieren ist überhaupt nicht mehr gefragt.

# Und noch ein paar Erfahrungen ...

- Machtanspruch von Einzelnen muss man frühzeitig widerstehen. – Frühzeitig.
- Leitungsaufgaben verändern einen Menschen. Wer nicht regelmäßig ein aufrichtiges Feedback bekommt, hat große Chancen sich charakterlich zu verbiegen ...
- Es kann einer als Leiter nur das werden, was andere ihn werden lassen.
- Die Schwierigkeiten hören nie auf, wenn man für das Reich Gottes arbeitet. Aber mit jedem Eingreifen Gottes wird die Furcht geringer.
- Wenn es um einen wagenden Glauben geht, sind Geistliche (Hauptamtliche) oft am zögerlichsten.

Man sagt, der geborene Leiter sei einer, der in einer Gruppe sagt: »Kommt, wir trinken eine Cola!« –, und alle gehen mit.

Ich glaube, solch ein Leiter bin ich nicht. – Sondern? – Ich weiß es letztlich nicht. Ich erfahre es nur im Feedback von mir unabhängigen Menschen und aus dem, was sich nach und nach um mich herum formt.

## Das heimliche Leitungsideal

Leiter sind nach meiner Beobachtung von einem gewissen Nebel umgeben. Sie erfahren Dinge und Menschen nicht immer, wie diese wirklich sind. Zu einem Leiter gibt es drum herum meistens ein bestimmtes Verhalten. Der Leiter wird selten ohne sein Amt gesehen, auch wenn er es meint und gerne hätte ...

Ich bin keiner festen Vorstellung von Leitung gefolgt, und doch trage ich ein stilles Vorbild in mir. Es stammt nicht aus der Managementliteratur. Auch nicht aus Biographien. Sondern es geht zurück auf eine Geschichte und die geht so:

Vor langer Zeit schickte sich ein König an, seinen Sohn vorzubereiten auf die Übernahme des Königreichs. Zuvor sollte er aber das Beste lernen, was ein künftiger Herrscher braucht. So schickte ihn sein Vater zu einem ehrwürdigen Mann in den Bergen. Von diesem sollte er alles lernen, was für einen kommenden König und für das Volk gut ist.

Sobald der junge Prinz bei dem ehrwürdigen Mann angekommen war, schickte ihn dieser allein in den großen Wald. Nach einem Jahr sollte er zurückkommen und den Klang des Waldes beschreiben.

Als das Jahr um war, forderte der Weise den Prinzen auf, alles zu beschreiben, was er gehört hatte. »Lehrer«, sagte dieser, »ich konnte hören, wie der

Kuckuck ruft, wie die Blätter rauschen, wie die Kolibris surren (man achte auf die Verben!), die Grillen zirpen, das Gras weht, die Bienen summen und der Wald flüstert!«

Darauf schickte ihn der ehrwürdige Mann erneut in den Wald, um noch mehr zu erlauschen. Der Prinz war verwirrt. Hatte er denn nicht schon jeden Laut des Waldes wahrgenommen? Aber gehorsam machte er sich erneut auf den Weg. Und Woche für Woche, Monat für Monat suchte und hörte er auf den Klang des Waldes. Und eines Morgens, ganz plötzlich, drangen neue Laute an sein Ohr. Geräusche, wie er sie noch nie gehört hatte. Und je genauer er hinhörte, desto klarer wurden sie.

Als der Königssohn wieder zu seinem weisen Lehrer kam, fragte ihn dieser, was er nun noch erfahren habe. »Meister, ich habe nie zuvor Gekanntes gehört: Den Klang sich öffnender Blumenblüten, den Klang der aufgehenden Sonne, die die Erde wärmt, den Klang des Grases, das den Morgentau trinkt!«

Da nickte der alte Lehrer anerkennend und sagte: »Das Unhörbare hören zu können, ist als Fähigkeit bei einem Herrscher unabdingbar. Nur wenn ein Herrscher gelernt hat, genau auf die Herzen der Menschen zu hören, wenn er die Gefühle versteht, die sie nicht mitteilen, die Schmerzen, über die sie nicht sprechen, die Beschwerden, die sie nicht äußern, nur dann kann er hoffen, in seinem Volk Vertrauen zu erwecken, zu verstehen, was nicht stimmt, und die wahren Bedürfnisse seines Volkes zu erfüllen. Der Niedergang von Völkern beginnt, wenn die Führer nur auf flüchtige Worte hören und sich nicht in ihre Menschen hineinversetzen, um ihre wahren Ansichten und Wünsche herauszuhören.«

Gott sagt: »Ich will euch Hirten geben nach meinem Herzen, die euch weiden sollen in Einsicht und

Weisheit« (Jer 3,15) – nach Hesekiel 34,16 sind das Hirten, die das Schwache stärken, das Kranke heilen, das Verirrte zurückholen, das Verlorene suchen.

Wie gesagt: In einem Managementbuch steht das nicht. Erschöpfendes über »Leitung« ist damit auch nicht gesagt. Und schon gar nicht kann ich dem Ideal dieser Geschichte entsprechen. Aber sie hat Einfluss auf mich genommen und auf meinen Weg...

Die größten Fehler habe ich jeweils gemacht, wenn ich zu Menschen hart war. Ich kenne die nachträglichen Tröstungen: »Als Leiter muss man auch mal...« – Ja schon, und doch, und doch...

Walter Lüthi erzählt mal, wie er als Hütebub einer störrischen Kuh, die eigene Wege ging, einen Stein nachgeworfen habe. Er habe die Kuh verfehlt, sagt er, aber ihre Glocke getroffen. Seitdem hatte die Glocke einen scheppernden Ton und hat ihn an etwas erinnert...

## Weich ist stärker als hart

Im heutigen Berufsleben ist Härte gefragt, Durchsetzungsvermögen, Effektivität, Prägnanz und Schlagkraft. Paulus sagt: Güte, Geduld und Langmut hätten aber auch was! Durch Güte zur Umkehr, so probiert es Gott mit uns, sagt er. Und was ist unsere heutige »Frustrationstoleranz« schon gegen makrotymia, »Langmut«?

»Weich ist stärker als hart,
Wasser ist stärker als Stein,
Liebe ist stärker als Gewalt...«
*Hermann Hesse*

Und reich verschenkte
Barmherzigkeit
ist für unser eigenes Gedeihen nötig.
*nach Matthäus 5,7*

# Zwei Zitate

*»Ich glaube, dass Gott aus allem,
auch aus dem Bösesten, Gutes entstehen
lassen kann und will.
Dafür braucht er Menschen, die sich alle
Dinge zum Besten dienen lassen.
Ich glaube, dass auch unsere Fehler und
Irrtümer nicht vergeblich sind und
dass es Gott nicht schwerer ist, mit ihnen
fertig zu werden, als mit unseren
vermeintlichen Guttaten.«*
Dietrich Bonhoeffer


*»Keiner ist wegen seines bisschen Guten
besser und keiner wegen seines vielen Bösen
schlimmer; alle brauchen die Gnade,
Gottes Erbarmen und des Heilands Blut.
Diese teure Wahrheit kann man zur falschen
Sicherheit und zum Leichtsinn missbrauchen,
das ist wahr:
Aber sie ist doch die lautere Wahrheit.«*
Nikolaus Graf von Zinzendorf

In einem alten Briefwechsel fand ich den Satz: »Das Liebenzeller Werk hat die Neigung, Tyrannen zu produzieren!« Das geht schleichend vor sich und es ist gut, sorgsam darauf zu achten.

»Ein Leiter bei der Liebenzeller Mission wird nur das, was man ihn werden lässt.«
Traugott Jehle

# Das Elend mit der Macht

Ich habe mir in meinem Zimmer in der Villa Lioba den Spruch von Gerhard Röckle aufgehängt:

*»Herr, lass die Macht der Liebe größer sein als die Liebe zur Macht.«*

Ich glaube: Die Stärke eines Werkes und eines Leiters zeigt sich nicht in seinem Machtgebaren, sondern in seiner Demut. Wo genug Mitarbeiter da sind, die sich von anderen etwas sagen lassen, da kann etwas gedeihen. Mitarbeiter der letzten Jahre, die im Dienst gescheitert sind, hatten alle diese eine Not: Sie ließen sich nichts sagen.

# Menschenfreundlichkeit

Im Siegerland geht der Spruch um: »Die Frommen sind so freundlich in den letzten zwei Wochen. Haben sie wieder etwas vor?«

Es ist so anziehend, wenn man an uns Christen Menschenfreundlichkeit findet. Ohne Berechnung, einfach so! Einfach weil es zur Art unseres Glaubens und Lebens gehört.

Wie gerne lachen wir etwa bei der Liebenzeller Mission! Wie freuen wir uns an Gengenbachs Sprüchesammlung, an Hempelmanns Unfähigkeit, Witze zu behalten, an Schwester Erikas Knitz, an Wilfried Dehns Herzens-Charme, an Detlef Krauses Lust an der Fröhlichkeit...

Und wie viele menschenfreundliche Gesichter gab und gibt es noch im Land: Wie konnte Kurt Heimbucher lachen und feiern! Wie viel Dankbarkeit verströmte Edgar Schmid! Wie viel Liebe ein Gerhard Bergmann. Wie kann man bei Ernst Vatter das Genießen lernen! Bei Christoph Morgner die Zuversicht. Bei Gerhard Horeld, bei Peter Strauch und bei Theo Schneider die Warmherzigkeit. Und was sitzt nicht alles in den Lachfältchen von Jürgen Werth...?!

Ganz abgesehen von dem Großmut jener, die hier nicht aufgezählt werden, sondern damit warten bis zum nächsten Büchlein...

Noch mal zur Menschenfreundlichkeit:
In Singapur ist in den letzten 30 Jahren die christliche Kirche stark gewachsen. Wieso? Es ist eine Kirche ohne Macht. Sie erhält keine finanzielle Unterstützung vom Staat. Sie erfährt keine Privilegien. Sie kommt weder im Radio noch im Fernsehen vor und sie hatte bis in die 70er Jahre auch nur wenige Mitglieder.
Dann auf einmal gab es ein starkes Wachstum. Heute sind etwa 30 Prozent der Bevölkerung Christen. Wie kommt das? »Der Herr hat einige hinzugefügt«, sagen die Verantwortlichen vor Ort bescheiden. Soziologische Untersuchungen haben es so beschrieben: Die Gemeinden sind einfach anziehend. Das hat bei ihnen mit Kolosser 3,12–17 zu tun. Dort steht, was Christen anziehend macht: Vergebung, Dankbarkeit, Lob Gottes, Hören auf Gott, Liebe und ein Freuen über ihren Stand in Gottes Augen: Auserwählte Gottes, Heilige und Geliebte.

Es gibt unter Christen manchmal eine Hektik des Heiligwerdens. Es soll alles ganz schnell gehen mit dem »Siegesleben«, dem »Gebetsleben«, ...

Die Erfahrung aber ist: Es gibt in dieser Welt unweigerlich Pleiten und Rückschläge. Daran sollten wir uns auch gar nicht lange aufhalten, sondern aus allen Fehlern wieder aufstehen und uns freuen, dass wir einen Gott haben, der heilt und vergibt.

## Unkraut wächst schneller als Eichen

Manche wollen schon im Frühjahr blühen, wachsen, reifen und Früchte bringen. Schön, wenn etwas davon gelingt. Aber wir dürfen auch Geduld mit uns selber haben. Gott hat sie auch.

Unkraut wächst schneller als Eichen. Wer so schnell wachsen will wie Unkraut, der muss eben Unkraut werden. Eichen brauchen Zeit.

Viele von uns kennen den Vers von Dora Rappard:

*»Wie lang hab' ich mühvoll gerungen,*
*geseufzt unter Sünde und Schmerz...«*

Auf dem, was dann kommt, liegt alles Gewicht:

*»Doch als ich mich ihm (Gott) überlassen,*
*da (!) strömte sein Fried in mein Herz!«*

Genau das aber ist gegen unsere Natur: Überlassen!

Was hält ein Glaubenswerk wie die Liebenzeller Mission am Leben? So lange schon? Es sind nicht die Mitarbeiter, die ein Werk halten, nein. Es gibt immer großartige und eher schwächere Menschen. Aber daran hängt es nicht wirklich.

## Was ein Werk am Leben erhält

Es sind auch nicht die großen Ideen und Innovationen. Meine Güte, wie viele gute Initiativen gehen im Jahresverlauf den Bach runter...

Es sind erst recht nicht die Genies und die Mächtigen, von denen alles abhängt.

Was dann?

Der Tonfall des Journalisten bei der Pressekonferenz der Liebenzeller Mission ist mir noch im Ohr: »Dann erwarten Sie ja für das kommende Jahr wieder eine Steigerung der Spenden um 10 Prozent?« Es klang nach: »Ihr seid wohl des Wahnsinns? Habt Ihr noch alle Tassen im Schrank?«

Ich weiß nur eine schlüssige Antwort für unser Immer-noch-Leben bei der Liebenzeller Mission:

> *»Es ist das ewige Erbarmen,*
> *das alles Denken übersteigt,*
> *es sind die offnen Liebesarme*
> *des, der sich zu dem Sünder neigt...«*

oder:

> *»Wie dieses kann geschehen,*
> *ich kann es nicht verstehen.*
> *Allein, ich weiß am Ende:*
> *Es geht durch Gottes Hände.«*

# Familiengeschichten

Wenn ich bei einem Frauenfrühstück erzähle, wie viele Kinder wir haben, geht gewöhnlich ein starkes Raunen durch den Saal. Es hört sich an wie nach einer Katastrophenmeldung: »Der Rhein bei Koblenz ist über die Ufer getreten. Der Wasserstand liegt bei 22 Meter über dem Normalpegel...«

## Familienangehörige

Um innerfamiliär den Überblick über die Population zu behalten, hat Tochter Christine, zehn Jahre alt, die Hauptpersonen notiert:

Auf einen großen weißen Ball schrieb sie mit Filzstift: Mama Wolfsberger, Papa Wolfsberger, Sven Wolfsberger... usw. Alle Namen der Kinder.

Außerdem: Gammel (Oma) Wolfsberger, Philipp Wolfsberger (Katze), Lumpi Wolfsberger (Hund), Joker Wolfsberger (Hase), Flauschi Wolfsberger (Meerschweinchen)...

Es war ein großer Ball...

## Erziehungsmethoden

In den ersten Jahren unserer Familiengeschichte habe ich mir viele Bücher gekauft. Über Erziehung und so. Aber ich kam einfach nicht zum Lesen. Ich schnupperte nur daran – und stellte das Buch dann ins Regal. Mein Eindruck war aber: Kinder erziehen, das ist nicht leicht! Mit soundso vielen Monaten muss ein Kind sauber sein. Ab soundso vielen Jahren darf ein Kind nicht mehr zu den Eltern ins Bett »schlupfen« ...

*Rike*

Wir haben es dann, unbelesen wie wir blieben, anders gehalten:

Damit die Kinder beim Springen auf die Betten nichts kaputt machen, haben wir einen Sonderrost anfertigen lassen: 3 x 2 Meter. Ohne Sprungfedern. Mit guten Matratzen darauf. Eine herrliche Turnfläche. Und nachts, wenn die Kleinen Körpernähe brauchten, durften sie kommen. Platz war ja genug vorhanden. Wenn der Papa untertags schon kaum zu fassen ist, sollen die Kinder ihr Schmuse-Bedürfnis wenigstens nachts stillen können.

Das hat sich bewährt, auch wenn es nicht in den Büchern steht.

Überhaupt hatten wir so gut wie keine Erziehungsprinzipien. Höchstens: Nicht lügen! Den Satz haben unsere Kinder oft gehört: »Lieber Nachteile einstecken! Aber nicht lügen!« Denn Lügen ist wie eine Wucher-Wurzel. Sie macht alles kaputt. – Alexander Solschenizyn, der russische Schriftsteller, hat auf die Frage, wie man ein Unterdrückungssystem à la Kommunismus verhindern könne, gesagt: »Meiden Sie die Lüge in jeder Gestalt.«

Ansonsten war, glaube ich, am einflussreichsten für die Kinder, dass Mama und Papa einander so offensichtlich lieben ...

Eine Übung der alten Kirche war: Über vergebene Sünde darf nicht mehr gesprochen werden. Der Herr ist auferstanden, aber vergebene Sünde darf nicht mehr auferstehen. »Ich will ihrer nicht mehr gedenken ...!«

## Vergeben

Das hat sich in unserer Familie bewährt: Verfehlungen werden vergeben, nicht ausgesessen oder einem beleidigten Schweigen ausgesetzt. Und wenn etwas vergeben ist, dann ist es auch vorbei. Denn es gibt einander Wichtigeres zu sagen:

*»Einer Welt wie der unseren*
*muss man nicht sagen,*
*dass sie und vieles im Argen liegt,*
*aber dass sie von Gott geliebt ist,*
*das muss man ihr dauernd sagen.«*

Karl Barth

Die Kinder wollen einen Hund. Vor allem seitdem auf einem Bauernhof die Hündin einen großen Wurf gemacht hat: Lauter Promenadenmischungen. Aber die Kinder sind hingerissen und machen ohne unser elterliches Wissen sofort eine verbindliche Zusage: »Den nehmen wir.« –

»**Papa, krieg ich einen Hund?**«

Als ich davon höre, fahre ich gleich hin, um diese Zusage rückgängig zu machen. Ein Hund, das fehlt gerade noch!

Aber dann guckt die Mischung mich an. So ganz arg lang und innig und blinzelnd, so wie man eigentlich nicht gucken darf, wenn man abgelehnt wird...

Und dann bezahle ich halt die 30 DM und bringe das Tier heim in die Küche...

Seither haben wir ihn: Lumpi Wolfsberger.

Natürlich wollen wir aus unserem Hund einen starken und gut erzogenen Wachhund machen. Wir führen viele Gespräche mit ihm. Er ist ein guter Zuhörer: mitfühlend, verständnisvoll und einsichtig. Er wird nur kein Wachhund. Irgendwo tief drinnen ist er anders gepolt: Er will hauptsächlich fressen, und um dies zu erreichen, ist er zu jedermann freundlich, charmant und entgegenkommend...

Nur einmal hat er uns doch Hoffnung gemacht, dass aus ihm noch ein Wächter wird.

Während einer Trauung kommt ein Hochzeitsgast zu spät zur Kirche. Um den Weg abzukürzen, wetzt er über den Pfarrhof. Und da erinnert sich Hund Lumpi an die langen Gespräche mit mir. Er fegt dem Fremdling hinterher, die Treppe hinauf und »pfetzt« ihn kurz in den Po...

## Das Positive verstärken

Nach der Trauung kriege ich einen wütenden Anruf. Vom Hochzeitsgast. Wie ein Tier (hui, welch eine Assoziation!) sei dieser Hund auf ihn losgegangen, sagt er. Stolz höre ich zu, gleichzeitig mein Bedauern bekundend...

Und gleich nach dem Telefonat gibt's für Lumpi ein Extra-Würstle als Belohnung... Man soll doch bei der Erziehung das Positive verstärken...

## Hundewechsel

Lumpi hat uns viel Freude gemacht. Aber auch sie kann den Alterungsprozess nicht verleugnen. Nach 13, 14 Jahren wird sie undicht...

Die Kinder haben eine Lösung vor Augen: »Er ist nur soooo groß...«

Es eilt angeblich mit der Entscheidung. Und plötzlich ist sie da: Nora Wolfsberger, Mischlingsdame Nr. 2. Sie soll von der Vorgängerin noch zu deren Lebzeiten eingelernt werden, so hoffen wir. Aber von wegen einlernen! Der alte Hund Lumpi blüht ganz neu auf. Er lebt immer noch. Seit Jahren haben wir deshalb zwei Hunde...

Die innerfamiliäre Erklärung für diesen Zustand heißt: »Das hat der Papa so gewollt.«

Das ist noch das Allergrößte...

Wir meinten tatsächlich, der alte Hund lebe nicht mehr lange. Diese Sicht der Dinge bewirkte, dass wir es mit der Registrierung eines zweiten Hundes auf dem Rathaus nicht gar so eilig hatten.

## Hundesteuer

Hundesteuer ist schließlich nicht billig, zumal beim Zweithund. –

Auf einem Einkaufsgang nimmt meine Frau die neue Hündin an die Leine. Vor der Apotheke bindet sie sie an. Aber irgendwie: Ist es, weil der Hund noch neu ist, oder weil die Eignerin zerstreut ist – jedenfalls vergisst sie den Hund an der Apotheke und geht heim. Sie vermisst ihn auch Stunden später noch nicht ...

In großartiger kriminalistischer Kleinarbeit werden stattdessen Polizei und Rathaus tätig.

So kommt alles heraus. Polizei-Beamte klingeln an der Haustür: »Gehört Ihnen der Hund? Wieso hat er keine Hundemarke? Sie haben die Hundesteuer nicht bezahlt...«

Zwei Jahre später ist uns Nora in einer anderen Stadt abgehauen. Wieder wurde die Polizei fündig. Nach fünf Stunden steht ein strenger Beamter vor der Wohnung: »Ihr Hund hat einen Polizeieingriff nötig gemacht.« »Sch... «, höre ich aus dem Hintergrund. »Ihr Hund hat Unkosten verursacht!« – »Nô kennet Se en glei b'halte.«

## Der Spritzhund

Familienurlaub am Plattensee. Ich sitze mit großem Sonnenhut auf der Mauer am See. Die Kinder samt Hunden sind im Wasser. Da hat Hund Nora die Nase voll vom Schwimmen. Sie kommt zurück ans Ufer. Dort liegt, als einziges touristisches Lebewesen, eine deutsche Urlauberin auf ihrer Badematte. Nora strebt zu ihr. Die Frau schläft und bräunt sich. Jetzt steht der Hund auf ihrer Bademattte quer und tropfend über ihr – und schüttelt sich nach Hundeart.

Der Rest ist empörtes Schreien und Schimpfen: »Du Biest! ... Wem gehört der Hund?!«

Ich ziehe den Sonnenhut tief ins Gesicht... Unmöglich, was manche Leute für Hunde haben...

Umzüge fordern von Kindern viel ab. Die alten Freunde sind nicht mehr da, neue müssen erst gewonnen werden ...

Simeon, unser Jüngster, kommt in den Kindergarten. Er gründet dort gleich eine Bande. Während die anderen Kinder brav sandeln, steigt er mit seiner Rotte über den Zaun und anschließend durchs Fenster ins evangelische Gemeindehaus. Der Hausmeister erwischt sie. Er lässt berechtigterweise ein Donnerwetter auf die Bürschchen herab. Nach einer Weile stillen Bedenkens ist es Klein-Simeon aber

## Das hat er nicht vom Papa!

zu viel. Er baut sich vor dem Hausmeister auf, dreht sich kurz um, streift sein Flanellhösle herunter und zeigt dem Ortsgewaltigen seinen Kinderpopo ...

Meine arme Frau muss daraufhin im Kindergarten vorreiten.

Beim Mittagessen frage ich sie: »Hast du auch gesagt, dass er das nicht von mir hat?«

*Simeon*

## »Umsonscht predigt«

Von einer auswärtigen Veranstaltung habe ich guten Waldhonig als Dankeschön mitgebracht. »Rei-predigt« (hereingepredigt) nennen unsere Kinder so was.

Gegen Mittag kommt eine Nachricht ins Haus. Einer der Söhne hat auf dem benachbarten Bauernhof eine Henne mit der Mistgabel erstochen. Mit seinem Freund, dem Bauernsohn, hat er »wilde Tiere gejagt«. Das hat eine der Hennen nicht verkraftet.

Der Pfarrersohn – ein Hennen-Mörder? Was tun, um das gute Verhältnis zur Nachbarsfamilie nicht zu trüben?

Schweren Herzens schaue ich mein schönes Honigkübele an. Wenn wir dies einsetzen, als Ersatz und Wiedergutmachung? Meine Frau trägt es zum Bauern. Seufz. Wieder mal »umsonscht« gepredigt.

PS: Am Abend desselben Tages stand die Henne wieder auf und lebte weiter. Aber da war das Honigkübele schon weg...

*Simeon, Beni, Heiner und Doro*

## Schwere Ladung

Ich bin auf dem Heimweg vom Religionsunterricht. An einer belebten Kreuzung muss ich halten. Da sehe ich Sohn Heiner. Er steht auf der anderen Straßenseite, mit Sonnenbrille, in der Hand eine große Wasserspritzpistole (Modell »Pump-Gun«). Damit spritzt er auf vorbeifahrende Autos... Ich halte direkt vor ihm und lasse das Seitenfenster herunter. Er stutzt, mit mir hat er nicht gerechnet. Vorübergehend stellt er das Feuer ein.

»Na, was machsch?«, frage ich ihn. »Spritzesch auf Autos?« – Kurze Denkpause. Dann die Antwort: »Ja, mit Gülle.«...

(Er hatte auf dem benachbarten Bauernhof ungehinderten Zugang zum Güllefass...).

Heiner hatte es nicht leicht mit seiner Oma. Sie lebte bei uns im Haus. Einst wollte sie »Großmama« genannt werden. Daraus ist in der Sprechlernphase der Kinder »Gammel« geworden. Sie hat diesen Ausdruck fröhlich bejaht.

## Gammel

Im Alter wurde Gammel empfindlicher gegen Kinderlärm. Aber was soll man machen mit den vitalen Kindern? Gammel probierte es wie früher: Ab und zu setzte es Hiebe von ihr.

Einmal hat Heiner eins mit dem Kochlöffel abgekriegt. »Er hat ›blöde Gammel‹ zu mir gesagt«, sagt Oma. »Ich habe ›Dingeldangel‹ gesagt«, verteidigt sich der Verprügelte.

Aus tiefer Erfahrung ahnen wir, dass der Spruch so hieß: »Dingeldangel, blöde Gammel.«

Heiners Kinderseele musste das kriegerisch gewordene Verhältnis zu seiner Oma irgendwie verarbeiten. Das ging bei ihm so:

Anfang Januar. Unser ausrangierter Weihnachtsbaum steht vor dem Haus, zur Abholung bereit. Eine arglose alte Frau geht am Pfarrhaus vorbei. Plötzlich wird sie von hinten »gestupft«. Heftig sogar. Sohnemann und Freund rammen ihr unseren

## Verarbeitungsprozesse

*Heiner*

Christbaum aufs Gesäß. Immer wieder. Sobald sie sich umdreht und weitergehen will ... rums. Direkt vor dem Pfarrhaus. Und die beiden lachen auch noch ...

Meine Frau hat sich heftig bei der lieben Frau entschuldigen müssen ...

Ein andermal läutet Heiner an der Haustür einer älteren Nachbarin. Die gute Frau kommt heraus. Darauf plustert sich der Unsere vor ihr auf, streckt sich auf seine volle fünfjährige Körperlänge und trompetet der Frau entgegen: »Na, du Furzkanone?!« Daraufhin dreht er sich zu seinem »Freundle« und fragt ihn: »Gut, gell?« –

Er bearbeitete eben gerade sein Verhältnis zu seiner Oma, das Thema: »Alt und Jung«.

Meine Frau musste sich anschließend auch bei dieser Nachbarin entschuldigen ...

## Der stramme Nachbar

Einer unserer Pfarrhausnachbarn war ein allein stehender Militarist. Die Kinder hatten alle Angst vor ihm. Er schrie immer so fürchterlich. Vor allem nachts. Da hörten wir ihn militärische Kommandos brüllen, wenn er sich wieder in den Krieg schickte ...

Einige Wochen nach unserem Einzug im Pfarrhaus besucht er mich. »Kannsch ›du‹ zu mir sage«, bietet er mir an. Gleich gemacht. Darauf kriege ich ein Bier. Ab jetzt kommt er öfter.

Einmal bringt er ein Anliegen mit:

»Brauchsch du dei Frau no?« Er bietet mir Speck und Bier als Tauschmittel an. Ich zögere. Man muss sich so was ja erst mal überlegen. Da fordert er mich zum Armdrücken heraus. Er stellt seinen brauerei-gestählten Kampfarm auf den Tisch und kommandiert: »Los, mach!!« Also drücken wir.

Ich gewann. Deshalb habe ich meine Frau noch. Und den Speck und das Bier hat er mir auch noch geschenkt.

## Der sture Bagger

Einmal wird vor dem Haus die Straße erneuert. Ein Bagger steht quer zur Fahrtrichtung. Überall Absperrungen. Morgens um 3 Uhr kommt der Nachbar heim mit seinem Moped. Er hat schwer getankt. Absperrungen sind für einen wie ihn kein Hindernis. Er brettert voll in den Bagger rein. Es rumst gewaltig in der stillen Nacht. Das Moped ist hinüber, der Helm hat eine tiefe Dalle. Der Nachbar sucht den Ausgang aus dem Bagger.

Wegen des Lärms fahre ich im Pfarrhaus aus dem Bett und eile ans Fenster.

Nachdem sich mein Militarist dort unten eingesammelt hat, brüllt er den Bagger an: »Stillgestanden!« Das tut der Bagger. »Weggetreten!« Das tut der Bagger nicht.

Um nicht seine Autorität gegenüber den Untergebenen zu verlieren, kommandiert sich der Nachbar schließlich selbst zum Rückzug. »Abteilung kehrt! Marrrrsch!«

Im Gleichschritt, mit verbeultem Helm und verbogenem Moped bewältigt er die letzten 20 Meter bis zu seinem Haus. – Moralisch ungebrochen.

Sinnend stehe ich am nächtlichen Pfarrhausfenster, einziger Zeuge dieses gewaltigen Geschehens dort unten, und überlege: Was lernt man daraus?

Antwort: Verkehrsstatistisch gesehen passieren die meisten Unfälle kurz vor der Ankunft zu Hause. Was hier gerade eben wieder bewiesen wurde.

## »Der schöne Jogging«

Abends läutet es an der Haustür. Einer der Kleinen drückt die Sprechanlage. Er hört die unheimliche Stimme des Nachbarn. – Des Mannes, der nachts immer so brüllt. Der kleine Bursche am Haustelefon fährt zusammen. Es wird ganz still am Hörer. Über die Sprechanlage hört sein älterer Bruder (der seine Stimme verstellt hatte) nur schwere Atemzüge. Und dann die bekümmerten Worte: »Mein schöner Jogging ...« –

Er hatte gerade heute ein neues Jogging-Anzügle gekriegt und trug es stolz am Leibe. Nun war da vor Angst etwas »reingegangen«...

## Tine und das Essen

In der Grundschule wird das Schulgebet eingeführt. Jeden Morgen in der ersten Stunde betet die Klassenlehrerin, Frau Klär. Danach begrüßt sie die Klasse und erwartet den Gegengruß. Der Vorgang ist so gut eingeübt, dass Klein-Christine auch beim häuslichen Tischgebet nicht mehr davon lassen kann. Sobald Mama endet, sagt die Kleine: »Amen. Guten Morgen, Frau Klär.«

Gäste der Familie wurden von Tine regelmäßig als Räuber verstanden. Als Essens-Räuber. Sobald sich jemand bei Tisch bedienen wollte, fauchte die Kleine ihn kreischend an: »Net leer essa! Net leer essa!« Damit hat sie manchem Hungrigen den Schneid abgekauft...

Meine Frau hat Wiener Würste gekauft. Tine, die gerade von der Schule kommt, hat großen Hunger. Als niemand hinsieht, beißt sie von einer Wurst die Hälfte ab. Dann betrachtet sie das angebissene Exemplar. Sie fürchtet, dass es auffällt im Kreis der anderen Würste. Um die Spur zu verwischen, beißt sie auch bei allen anderen Würsten die Hälfte ab...

*Tine*

Nachdenklich schließt Heiner die Haustür. In der Hand hat er eine Süßigkeit. Eine der guten Liebenzeller Schwestern war gerade da und hat der Familie etwas zum Naschen gebracht.

## Liebenzeller Schwestern

Heiner staunt: »Dass alle Schwestern meinen Vor- und Nachnamen kennen? Ich kenne immer nur ihren Vornamen: ›Schwester‹!«

## Die Tracht

Es ist Weihnachtszeit. Eine gute, alte Schwester in ihrer Tracht schleppt ein Päckchen »für die liebe Pfarrfamilie« die Treppe hinauf. Heiner nimmt es in Empfang. Als er es seiner Mama gibt, fragt diese: »Wie heißt denn die Schwester? Oder wie hat sie denn ausgesehen?« (Sie will sich noch bedanken.)

Heiner: »Wie sie heißt, weiß ich nicht mehr. Wie sie aussieht, habe ich auch vergessen. Ich weiß nur noch ungefähr, was sie angehabt hat.«

## Das innere Gewicht der Dinge

Die Einweihung des neuen Missions- und Schulungszentrums (MSZ) steht an. Ein großer Tag für die Liebenzeller Mission. Viele Gäste werden erwartet. Wenige Stunden vor Beginn bringt man dem Direktor die Nachricht: »Ihr Sohn hat ein Bullauge im MSZ zertrümmert.«

Was ist passiert? Sohn Heiner kommt aus der Schule. Die Sonne spiegelt sich in den blitzblank geputzten Fenstern des MSZ. Eines davon interessiert ihn besonders. Ein großes Bullauge, ein kreisrundes Mega-Fenster, ein architektonisches Extra. – Ist das Glas oder Styropor? Sohnemann wirft einen Backstein. Es klirrt. Styropor klirrt nicht. Darauf türmt der Sohn. Und die Nachricht eilt über den Berg – siehe oben.

Als ich nach Hause komme, bin ich echt sauer. »Was heißt hier testen? Man testet Glas doch nicht mit Backsteinen!?«

Am nächsten Morgen im Flur: Wir verabschieden die Kinder meistens mit einem kurzen Segen: Hand auf den Kopf und »Der Herr segne dich und behüte dich«. Als ich Heiner die Hand auflege, schaut er darunter hervor und sagt: »Gell, Papa, so schlimm war's dann auch wieder nicht?«

Was soll ich jetzt tun? Soll ich ihm nicht doch noch eine scheuern? Wegen allzu geringer Sündenerkenntnis?

Ich muss mich bei den Festgästen für ihn entschuldigen und er sagt: »Backstein auf Bullauge, so schlimm ist das auch wieder nicht?!«

Aber als er die Treppe runtergeht, denke ich: Vielleicht hat er ja Recht.

So schlimm ist es wirklich nicht. Da gehen im Leben viel schlimmere Dinge zu Bruch als ein Bullauge.

Und dass Papa und Sohn ein Verhältnis zueinander behalten, in dem die wirklich wichtigen Dinge noch erkennbar sind, zum Beispiel,
- dass Verzeihen größer ist als Fallen,
- dass Liebhaben mehr ist als Richtigmachen,
- biblisch gesprochen: dass Gnade mehr ist als alles. –

Das ist doch auch was.

PS: Übrigens stellte sich bei näherer Prüfung heraus: Das Bullauge war gar nicht kaputt. Es hat nur gescheppert.

Wir waren nach Bad Liebenzell umgezogen. Mitten in der Einlebphase kam ein Anruf: »Ihr Sohn hat die Wand unseres Gemeindehauses besprüht.«

Der Tathergang: Heiner, 6 Jahre, sucht die örtliche Jungschar. Beim Eintritt ins evangelische Gemeindehaus stößt er auf eine große Schrift an der Wand. Irgendjemand hat dort hingesprüht: »VfB Stuttgart ist spitze!«

## Schon wieder ein »Wolfsberger«

Heiner ist Dortmund-Fan. Er blickt sich um. Und siehe da: Die Sprühdose steht noch da. Damit korrigiert er die Sache. Er streicht »Stuttgart« und schreibt »Dortmund« darüber...

Wäre er »Köln«-Fan gewesen oder einer von »Ulm«, dann hätte es vielleicht geklappt. »Dortmund« dauert zu lange. Er wird erwischt.

Damit entstand wieder eine Aufgabe für meine Frau...

Dezember 1994. Um es daheim anziehender zu machen, haben wir im Baumarkt einen Holzofen mit großer Glasscheibe gekauft. Abends erzähle ich und lese adventliche Geschichten. Bei einer davon, vom »alten Kätterle«, welcher nach einem verpfuschten Leben die Jungscharler das Lied singen »Christ, der Retter ist da«, und die es da auf einmal »fassen« kann, sagt Heiner: »Papa, was ich dich schon lange fragen will: Wie wird man eigentlich ein Christ?«

Wir sprechen im Kreis der Familie darüber. Dann sagt der Kleine: »Ich will auch ein Christ sein.« An seinem Bett in seinem Zimmer knien wir beide hin und beten.

Für einen Vater ein großer Moment. Es war

»Hanns, des muasch ao mache!«

immer mein größter Wunsch auf Erden, dass alle unsere Kinder zum Glauben an Jesus Christus finden.

Als wir Amen gesagt haben, ist der kleine Mann ganz außer sich vor Freude. Der Jubel der Engel im Himmel (Lk 15,7.10) hat ihn ergriffen. Er rennt aus dem Zimmer und sucht seinen Bruder Hanns. »Hanns, des muasch obedingt ao mache!« Und Hanns ist innerlich reif wie ein Apfel im Herbst. Und wieder knien Papa und Sohn...

Das Angebot Gottes annehmen können. Glauben dürfen. Welch ein Geschenk und Vorrecht! »Gottes Gabe ist es«, sagt Paulus.

Die beiden Buben haben damals einen Zettel beschrieben, auf welchem steht: »Ich bin am 11.12.94 um 20.30 Uhr ein Kind Gottes geworden. Cool. Hanns Wolfsberger«. Und darunter: »Für Dad: Eine halbe Stunde vorher ich auch. Cool. Heiner.«

Ein auswärtiger Referent hält Passionsandacht auf dem Missionsberg.

Er sagt: »Ich beginne den Abend mit einem Wort, das ich mir ganz tief eingeprägt habe…Ähm… (Stille)…Ähm…(lange Stille)…Ähm…(sehr lange Stille)…

Dann: »Jetzt habe ich es mir wohl so tief eingeprägt, dass es gar nicht mehr hochkommen will…«

## Das tiefe Wort

Heiner ist von diesem Satz so beeindruckt, dass er ihn im Französisch-Unterricht wieder verwendet. Darauf muss der Lehrer so lachen, dass er ihm die nicht gelernte Vokabelaufgabe verzeiht…

*Beni und Doro*

## Versprecher

Meine Familie und ich sind zu Gast in einer Kommunität. Wahrscheinlich um mir Ehre zu erweisen, bittet man mich um eine Lesung bei der Gebetszeit. Psalm 116. Ein Vers darin heißt in einer mir fremden Übersetzung: »Denn du hast meine Seele vom Tode errettet, mein Auge von den Tränen, meinen Fuß vorm Sturz.« Meine Kinder und die jüngeren Schwestern kichern schrecklich. Sie behaupten bis heute, ich habe gelesen: »... meinen Furz vorm Sturz.«

Ein Konfirmand soll einen Bibeltext vorlesen. Dieser beginnt mit den Worten: »Jesus sprach: Wahrlich, wahrlich, ich sage euch ...« Der Konfirmand liest: »Jesus sprach: Wahrscheinlich, wahrscheinlich, ich sage euch ...«

Im Gottesdienst ist Anbetungszeit. Wir singen gute Lieder: »Würdig das Lamm, das geopfert ward ...« Unsere kleine Tochter Doro macht von Herzen mit, ist aber so früh am Morgen noch nicht ganz bei der Sache. Man hört sie singen: »Fröhlich das Volk, das geschlachtet ward ...«

# Der Weihnachtswunsch vom Kleinsten

Simeon ist in der ersten Klasse. Er kann schon ein paar Sachen schreiben. Weil er kein Geschenk für seinen Bruder Hanns hat, schreibt er ihm einen Weihnachtsbrief:
»Hanns,
ich finde dich super, Sime.
PS: Ich weis, das du liber
ein drucker willst,
aber ich kann auch nix machen.«

Benni, ca. neun Jahre, schreibt in Papas geöffneten PC:
»Hallo Papa!!!
Ich hab dich mehr lieb als Du mich!!! Sag mir mal was ich jetzt schreiben soll!!! Zu Weihnachten habe ich bekommen: ein Stirnband, ein Fahrrad (es ist leider noch nicht da), ein kleines Holzboot aus Afrika, ein Kartenspiel, ein »Huille«, ein Rolli, zwei Böller.«

**D**er schönste Strauß am Muttertag kommt von unserem Jüngsten. Strahlende Osterglocken. Da kann niemand anderes in der Familie mithalten. Aber wo hat der Bursche die Osterglocken her? Er grinst so komisch. Dann gibt er's zu: Beim »Liebenzeller Sprudel« geklaut. Zusammen mit seinem Freund hat er die Rabatte vor der berühmten Sprudelfabrik leer geputzt. Es stehen nur noch die Stauden.

## Muttertag

In einer passenden Stunde bitte ich den zuständigen Bürgermeister später um Straferlass. Er sagt: »Das wächst wieder.«

Ja, allerdings, Muttertag wird's auch wieder ...

## Zahlen zählen

Versteckspiel im Garten mit der Familie. Sven, unser Ältester muss zählen. Er trägt Simeon, seinen jüngsten Bruder, drei Jahre alt, auf dem starken Rücken. Sven zählt: »15, 16, 17, 18, 19 und die letzte Zahl heißt?« – Darauf Simeon im Brustton der Überzeugung: »Drei!«

Als Hanns vier Jahre alt ist, lernt er bis 1 000 zu zählen. Ein großes Erlebnis, als er erstmals damit fertig ist. Am Abend vor dem Einschlafen will er den Versuch wiederholen, ist aber schon zu müde dafür. Bei 469 sagt er zu seiner Mama: »Merk dir's, damit ich morgen nicht wieder von vorne beginnen muss.«

*Hanns*

## Selbsterkenntnis

Meine Frau geht mit Simeon, vier Jahre alt, schwimmen. Das Hallenbad ist nicht groß, hat aber seine tiefen Stellen. Nach einiger Zeit muss der Kleine mal vespern. Er streift seine Schwimmflügel von den Armen und macht es sich auf der Bank gemütlich. Als die Vorräte verputzt sind, hat er Kraft zu neuen Taten. Von der Bank weg nimmt er einen Anlauf und stürzt sich ins tiefe Wasser.

Ohne Schwimmflügel. Dort geht er unter wie ein Stein. Meine Frau ist in der Nähe und zieht ihn hoch. Er prustet und spuckt was das Zeug hält.

Als er wieder Luft hat, gluckst er in erstaunlicher Selbsterkenntnis: »I bin doch en Seckl...«

*Mama Bärbel und Simeon*

Tagebucheintrag:
»Unsere Tochter Hanna verlässt das Elternhaus. Sie reist heute nach Israel ab, wo sie für ein Jahr leben wird... Und danach?...«

Hanna geht. Sie, die noch bis vor kurzem täglich auf dem Klavier »ihr Stück« übte für ihr Abi (Leistungskurs Musik), die meine Hilfe suchte für ihre Reli-Note, die ständig Papas Auto brauchte, die einen solch guten Einfluss hatte auf ihre jüngeren Geschwister, die Kritik stets an den Rand der Fassung brachte, die ein »Papa-Fan« war... Hanna eben, ist nicht mehr da.

## 27. September 1995

Am Flughafen gibt sie uns Eltern noch ein Feedback: »Bleibt so, wie ihr seid; es gibt nix Besseres als euch!« Ein Wort tiefer Wahrheit... Dann verschwindet sie mit Tränen in den Augen in Richtung Gate B 11 nach Paris und von dort nach Tel Aviv.

Als ich wieder daheim bin, packt es mich: Ihr Zimmer riecht noch nach ihr. Da steht noch ihr Schulranzen, ihr Schreibmäppchen liegt auf dem Schreibtisch, die geliebte Stereoanlage, die Schubladen der Kommode... – ich ziehe sie ein wenig auf, sie waren doch immer ein wenig offen...

Ein Bild von ihr hängt im Flur und aus dem Terminkalender fällt mir ein Zettel entgegen: »In Liebe gebügelt, Deine Hanna!«

Die inneren Vorgänge sind stark. Sie bestimmen den Tag. Ich gehe wehen Herzens durch die Räume. Immer wieder sitzen welche aus der Familie beieinander. Wir reden mit den Kindern über den Schmerz. Heiner weint ein bisschen bei der Vorstellung: »Nun sitzt Hanna in ihrem Zimmer, weit weg, zupft vielleicht ein wenig auf ihrer Gitarre und denkt an uns.«

Man sagt, Abschiednehmen sei ein bisschen wie Sterben. Vielleicht ist da was dran.

Jedenfalls sitzen in unseren Lachfältchen, ganz hinten versteckt, ein paar echte Tränen... Bis das Telefon klingelt und Hanna anruft, bis der Hund in die Wohnung kackt, die Zwillinge einander an den Haaren ziehen und ich mich vorbereite für ein Frauenfrühstück »Vater, Christ und nicht verzweifelt«...

*Bärbel und Hanna*

## Bärbel und Witze

Zu den ganz wenigen Nachteilen meiner Frau gehört dieser: Sie versteht die einfachsten Witze nicht.

Ein Beispiel: Am Mittagstisch, eine Nachbarin ist auch dabei, erzähle ich: »Helmut Kohl kommt zu Papst Johannes Paul II. Er sagt: ›Das ist aber schön, Herr Papst, dass ich Sie gerade an Ihrem Namenstag besuchen kann.‹ – Der Papst ist erstaunt: ›Aber heute ist doch weder der Namenstag von Johannes noch von Paul?‹ Kohl: ›Aber heute ist der Zweite.‹« –

Hier endet der Witz eigentlich und man kann mit dem Lachen beginnen. – Stattdessen: Denkpause am Küchentisch.

Dann die Nachbarin: »Aber heute ist doch gar nicht der Zweite.« – Neue Denkpause.

Dann meine Frau: »Dann war der Kohl auch nicht beim Papst.«

Stuttgart im Dezember. Weihnachtsmarkt vor dem Rathaus. Mit meiner Frau schlendere ich zwischen den Buden hindurch.

Vor wenigen Tagen hat sie sich einen hübschen Mantel gekauft. Er steht ihr prächtig. Er darf heute mit.

Im Getümmel verliere ich meine Frau aus den Augen. Als ich es bemerke, gehe ich zurück, um sie zu suchen. Endlich sehe ich sie: Sie beugt sich tief über einen Stand. Ich warte geduldig hinter ihr. Lang und geduldig. Außerordentlich lang und geduldig. Schließlich aber doch ungeduldig. Ich klopfe ihr freundlich auf den Po, und sage: »Komm, Alte, wir gehn!« –

**»Alte, komm!«**

Da dreht sich der Mantel um. Er enthält eine völlig fremde Frau. Mich trifft schier der Schlag. Wortwörtlich. Denn ums Haar hätte sie mir eine gescheuert…

Ob es besser gewesen wäre, wenn ich nicht »Alte« gesagt hätte?

# Einsichten

Von Emil Brunner, dem Schweizer Theologen, gibt es die Aussage: »As a fire exists by burning, so the church exists by mission. A church does not exist for itself, but for the world.«

Frei übersetzt: Wie ein Feuer Glut und Flamme braucht, so braucht eine Gemeinde die Mission. Eine Gemeinde lebt nicht für sich selbst, sondern für die Welt.

Wenn Mission von allem Anfang an das (!) Herzensanliegen Gottes ist, dann muss sich das im Gemeindeleben widerspiegeln. Es geht um Mission auf allen Ebenen, vor Ort und in aller Welt.

Und so könnte es irgendwo anfangen:

## Mission und Gemeindeaufbau

Zehn, zwanzig oder fünfzig Personen/Häuser laden zu einem Abendessen ein, zu einem Ausflug oder zu anderen Aktivitäten. Wir bieten an: Fröhliche Gastfreundschaft. Und irgendwann kommt ein zehnminütiger Beitrag: »Was Ostern für mich bedeutet.« Oder: »Was unsere Kirche mir bedeutet«. Oder etwas Ähnliches.

Ausprobieren!

Es warten mehr Menschen darauf, auf Gott angesprochen zu werden, als wir ahnen.

Und warum nicht an Pfingsten oder im Herbst zu einem großen Missionsfest gehen – nach Liebenzell zum Beispiel?

Was gibt es nicht für verschiedene Kirchen und Gemeinden in der Welt!? Im Laufe der Jahre habe ich einige davon kennen gelernt:

Ekstatische Gemeinden in Neu-Guinea: Die Alten hüpfen auf der Stelle. Haustiere gehen ein und aus. Arme Hausgemeinden in China: Voller Ernst und Lerneifer. Leere Gemeinden in Europa: Das Platzangebot steht in keinem Verhältnis zur Besucherzahl. Stark gesetzliche Gemeinden in Afrika: Härte steuert und prägt das Miteinander. Ungelehrte Gemeinden in Südamerika, überalterte Gemeinden in Sibirien, Gemeinden mit sonderbaren Auswüchsen in England, verrückte, überdrehte, stagnierende und sterbende Gemeinden. Und: Zerstrittene Gemeinden rund um die Welt...

# Kirche – was es nicht alles gibt?!

Und all das gibt es auch im Mikrokosmos Deutschlands. So, wie es auch das andere gibt:

Treue und hingegebene Gemeinden in Russland, obwohl als Kirchenraum nur eine Fahrschule zur Verfügung steht. Warmherzige Gemeinden in Norddeutschland, in denen der Einzelne eingebettet wird in Zuwendung und Hilfe. Kleine Gemeinden in armen Ländern, aber sie verstehen es, Gott zu feiern. Wachsende Gemeinden in Asien, wo Menschen in Scharen angezogen werden...

Wer ein fest geronnenes Bild von Kirche und wie sie »eigentlich sein müsste« im Kopf hat, findet weltweit Tausende von Gründen, sich von anderen Christen zu trennen. Erstaunlich ist nur: Ein Suchender kann weltweit auch an tausend Plätzen zum Frieden mit Gott finden. Und überall auf der Welt gibt es irgendwo Schwestern und Brüder im Glauben. Denn irgendwie hält Gott zu seinem Haufen.

*In Ermatingen, gegenüber der Reichenau,*
*steht eine alte Dorfkirche. Diese Kirche wird*
*seit 1529 von beiden Konfessionen benützt.*
*Das ist wirklich erstaunlich. –*
*Ihr Schmuckstück ist der Schluss-Stein*
*im Deckengewölbe der Seitenkapelle:*
*Dort schaut ein lächelnder Christus herab.*
*Er lächelt, als habe hier der Geist des*
*Evangeliums gesiegt...*

## Kirchengesicht

Der junge CVJMer ist erst 17 Jahre alt. Eine heimtückische Krankheit hat ihn aufs Sterbebett gelegt. Er liegt in einem Stuttgarter Krankenhaus. Das Elend ist so groß, dass ihn nicht mal seine Eltern mehr besuchen. Nur eine alte Diakonisse kommt noch. In den fieberschweren Nächten wacht sie an seinem Bett. Sie kühlt seine Stirn. Sie hält ihm die Hand. Einmal beugt sie sich über den Bub. Er hat Angst vor dem Sterben. Da zeigt sie ihm ihre Brosche mit dem Kreuz. »Was ist das? Weißt du das?« »Ja«, sagt er. »Das ist Jesus.« »Und der ist für dich. Für dich da.« –

Als der Junge später doch noch gesund wird, da sagt er: »Im Gesicht dieser Diakonisse habe ich das schöne Gesicht meiner Kirche gesehen.«

Solange es solche Menschen in meiner Kirche gibt, halte ich zu ihr.

## Mein Bischof

Ich habe großartige Bischöfe gehabt. Der erste, seitdem ich Theologe bin, war Helmut Claß. Ich habe ihn im Ruhestand in Möhringen besucht:

Seine Frau und er sind schon über 80 Jahre alt, beide nur noch auf einem Auge sehfähig, sie haben viele Schmerzen. Er hat für mich Brezeln geholt, obwohl ihm das Gehen schwer fällt. Wie zuvorkommend bedienen sie den Gast...

Alles an Helmut Claß ist weise, weit, vornehm und bescheiden. Im Gespräch nimmt er sich ständig zurück. Er will nicht ausführlich werden, ja nicht belehren. Er verweist viel auf Bücher anderer, vor allem von Theo Sorg, seinem Nachfolger. Kein Wort über sein eigenes Schrifttum. Als er Moltmanns »Kirche in der Kraft des Geistes« erwähnt, ist er gleich besorgt, ob er damit wohl Liebenzeller Gefühle verletze... Es ist so viel Freigebendes, Rücksichtsvolles und Großmütiges an ihm. Ich habe aus jenem bewegenden Gespräch mit ihm u. a. die folgenden Sätze notiert:

- Der Leib Christi nach 1. Korinther 12 ist kein Bild, sondern eine geistliche Wirklichkeit. Man soll die verfasste Kirche und die unsichtbare Kirche nicht auseinander reißen.

- Nach Luther: Der arme Christus schafft sich durch arme Knechte eine arme Kirche. Und diese liebt er. Tun wir's ihm nach.

- Es ist eine große Not (nach Bonhoeffer), wenn die Kirche von vorletzten Fragen bestimmt ist und nicht von den letzten, den ewigen.

- Was er als Bischof heute anders machen würde? Er würde akzentuierter, dringlicher, biblischer reden. Ohne Rücksicht auf Widerspruch. Und er würde darauf achten: Viel mehr lieben! Viel mehr aufeinander hören!

- »Und wer sagt, dass er Jesus lieb hat, der ist mein Bruder, auch wenn ich in tausend Dingen anders denke als er.«

- Es sei sehr schade, dass wir in der Evangelischen Kirche kein Beichtinstitut mehr haben. In einer Zeit der Orientierungslosigkeit ist die Beichte so nötig.

- Wir müssen als Pfarrer und Prediger immer wieder Apostelgeschichte 2,42 predigen, im Blick auf die Zertrennungen 1. Korinther 1–3 beachten und es zu jeder Zeit für Sünde halten, wenn Menschen uns dennoch auseinander bringen wollen.

In aller körperlichen Schwachheit begleitet er mich zum Auto und winkt, bis ich außer Sicht bin...
Lauter gute Bischöfe habe ich gehabt. Helmut Claß war einer von ihnen.

Die kleinste Übung zur inneren Klärung heißt: »Danke.« Geh umher, schau und höre, und sage zu allem, was in dir und um dich ist: »Danke.« Das Wort führt in eine unermessliche Weite.

## Dankbarkeit

Paul Deitenbeck dankte
- Gott für seine Frau, Kinder, Mitarbeiter, Nachbarn,
- seiner Frau per Handschlag für die Mahlzeiten,
- den Menschen im Dienstleistungsbereich: Aus dem Urlaub schrieb er eine Karte an die Müllmänner zu Hause, an den Postboten, an den Hausarzt, an den Lebensmittelhändler, an den Friseur, an die Mitarbeiter des Postamtes und der Sparkasse, an andere Verkündiger des Evangeliums.

Er bedankte sich
- im Restaurant bei der Bedienung (einschließlich eines ordentlichen Trinkgeldes) sowie bei der Küche,
- nach einer Zugfahrt beim Zugführer und beim Lokführer für die gute Fahrt.

Er war der Ansicht:
- »Dankbare Menschen haben eine ansteckende Gesundheit. Ich glaube fast: Ansteckende Krankheiten gibt es genug.«
- »Gott will Gnade geben, dass wir in Dankbarkeit wachsen vom Schönen bis zum Schweren. Und wenn ich ihn nicht verstehe, dann werfe ich ihm dankend meine Fragezeichen in die Hände.«

- »Danke, Vater, dass ich zu dir Abba sagen darf. Dass ich dein Kind bin. Für dein ewiges Heil, für die Schöpfung, die Erlösung und die Vollendung. Für deine durchtragende Liebe seit meiner Geburt. Für 1 000 Freundlichkeiten. Auch für die Traurigkeiten, Sehnsüchte, Sorgen, Anfälligkeiten.«
- »Im Familienkreis danken wir jeden Morgen dafür, dass wir Gott gehören dürfen, dass wir Frieden haben, dass wir einander haben, für die fünf Sinne, für Nahrung, Kleidung, Wohnung, Wärme, für das Evangelium, für die Lobgesänge der Christenheit, für die Bibel, für Menschen mit ansteckendem Glauben.«

Wer dankt, wird weit, großmütig, freigebig. Das ist die Frucht, von der sogar andere noch was haben. Ich habe in Jahren nie einen Handschlag von Paul Deitenbeck bekommen, ohne dass ein Geldschein drin war...

Ich mag Transparente. Im Advent stelle ich sie auf. Sie verweisen auf mögliche Geheimnisse hinter unserem Ergehen.

Dieses Transparent zum Beispiel: Maria und Josef unterwegs. »Mitten im kalten Winter«. Die Kerze hinter dem Bild macht, dass die beiden aufs Licht zugehen. Ob sie es mitkriegen? Sie sind ganz mit dem Vordergründigen beschäftigt. Mit Schnee, Wald und Kälte. Das Licht von hinten erinnert aber an das Gleichzeitige: Jeder Schritt bringt sie der Gottesstunde näher. Der erfüllten Zeit. Dem Bethlehem Gottes. Den Engeln der Anbetung. Und während Maria noch seufzt und Josef den Esel antreibt, ist im Himmel schon alles mit den Vorbereitungen beschäftigt. Der Himmel ist schon im Aufbruch ...

So ist das doch in meinem Leben auch. Hintergründig laufen schon gute Vorbereitungen, für mich und mein Gedeihen. – Er hat seinen Engeln schon befohlen ... (Ps 91,11).

**Dahinter**

# Markus 10,46–52
# Die Heilung eines Blinden bei Jericho

*Und sie kamen nach Jericho. Und als er aus Jericho wegging, er und seine Jünger und eine große Menge, da saß ein blinder Bettler am Wege, Bartimäus, der Sohn des Timäus. Und als er hörte, dass es Jesus von Nazareth war, fing er an, zu schreien und zu sagen: Jesus, du Sohn Davids, erbarme dich meiner! Und viele fuhren ihn an, er solle stillschweigen. Er aber schrie noch viel mehr: Du Sohn Davids, erbarme dich meiner! Und Jesus blieb stehen und sprach: Ruft ihn her! Und sie riefen den Blinden und sprachen zu ihm: Sei getrost, steh auf! Er ruft dich! Da warf er seinen Mantel von sich, sprang auf und kam zu Jesus. Und Jesus antwortete und sprach zu ihm: Was willst du, dass ich für dich tun soll? Der Blinde sprach zu ihm: Rabbuni, dass ich sehend werde. Jesus aber sprach zu ihm: Geh hin, dein Glaube hat dir geholfen. Und sogleich wurde er sehend und folgte ihm nach auf dem Wege.*

Seltsam, dass ausgerechnet der Name dieses Hilfsbedürftigen für alle Ewigkeit aufbewahrt wird! Wo doch die Schwachen sonst untergehen. Ein waches Ohr für Gottes Kommen – das hat seine Not aus ihm gemacht! Geschärfte Wahrnehmung, ohne etwas zu sehen.

Er weiß sich dem Himmel mitzuteilen. Nicht »hallo«, sondern von Herzen. Das Herzensgebet: »Jesus, du Sohn Davids, erbarme dich meiner!«

Viele Gesunde haben keinen Raum für eine Gottesgeschichte. Darum wird ihnen das Rufen der Hilfsbedürftigen lästig.

Ein normal-pietistischer Kranker hätte nach den Drohungen der anderen wahrscheinlich geschwiegen. »Er aber schrie noch viel lauter ...«

Jemand sagt, das sei für ihn die schönste Stelle im Evangelium: »Und Jesus blieb stehen.« Da muss er eine ganze Welt erlösen, aber wenn einer nach ihm schreit, bleibt er stehen.

Jesus fragt Bartimäus: »Was soll ich dir tun?« Eine frühe Handschrift lässt den Blinden antworten: »Herr, dass ich dich (!) sehen kann.« Was muss in der Seele des Verfassers vorgegangen sein, dass er dieses Wörtlein – »dich« – absichtlich oder unabsichtlich hinzugefügt hat?

Zum »Sehen«:

*»Alles Elend kommt daher,*
*dass wir nicht sehen,*
*wie nahe er uns ist.«*
*Theresa von Avila*

*»Unsere Aufgabe in diesem Leben*
*ist nichts anderes,*
*als das Auge des Herzens heilen*
*zu lassen,*
*mit dem Gott gesehen wird.«*
*Aurelius Augustin*

# Verwandlung

Wenn es schwer ist, anzunehmen,
dass Menschen mir Böses unterstellen,
dass Menschen mir Schlechtes in den Mund legen,
dass Menschen nur meine Fehler anschauen,
dass Menschen fromm sind, aber nicht lieben können,
dass Menschen mich einsam machen,
dass Menschen so verletzt sind,
dass sie mich verletzen,
dass ausgerechnet jene mir ungut sind,
für die ich mich viele Male besonders eingesetzt habe ...,

dann, Gott, gib mir das Vorrecht,
zu bitten und nicht zu klagen.
Dann möchte ich dir gerne sagen:

*»Hilf mir, Herr,*
*die Verworrenheit der Dinge*
*durch die Klarheit des Glaubens zu lichten,*
*und was schwer auf mir lastet,*
*durch die Kraft des Vertrauens zu verwandeln.*
*Dass ich von dir, ewiger Gott,*
*lieber himmlischer Vater, geliebt bin,*
*ist mir Antwort auf jede Frage.*
*Gib, dass diese Antwort mich ruhig macht,*
*wenn mir das Weitergehen schwer fällt.«*

*Romano Guardini*

## Aufbruchsfähig

Wenn mich nicht alles täuscht, ist in Zukunft ein anderer Typ von Pfarrer, Prediger und Missionar gefragt als früher. Ganz verkürzt gesagt: Bisher hat es bisweilen gereicht, wenn einer »über« Gott reden konnte. Ja, wenn er nur einigermaßen reden konnte. Der kommende Typ wird einer sein müssen, der den Weg zu Gott auch zeigen kann und zwar weil er ihn selbst geht. Leute, Typen wie die Hirten von Bethlehem, hat Alfred Delp mal gesagt, die noch gesund genug sind, Tatsachen auch mal Tatsachen sein zu lassen und die aufbrechen können, selbst wenn die Berechnungen ihrer Tabellen und die Erfahrungen ihrer Praxis dagegen sprechen. Leute mit einer »schlichten Gesundheit des Herzens, mit einer wachen Lebendigkeit der Seele, mit einer inneren Behändigkeit des Geistes, die aufzubrechen verstehen, wenn der Himmel spricht. Dieser Typ fehlt uns.«

## Es wächst

Dass Gott gerne hilft, wenn es um seine Sache geht und wenn wir uns um seine Sache vorrangig kümmern, das erlebt derzeit ein Methodistenpastor in Asien. Er ist zuständig für eine rückläufige, in sich zerstrittene Gemeinde. Es fehlt an allem, angefangen beim Geld. Da bewegt der Pastor seine verbliebenen Gemeindeglieder zu folgendem Beschluss: »Ein Jahr lang sorgen wir uns vorrangig um Gottes Anliegen und nicht um unsere Schwierigkeiten!« Man stellte u. a. den Haushaltsplan der Gemeinde um: Bisher gehörten 80 Prozent des Geldes dem eigenen Betrieb. Nun gab die Gemeinde 80 Prozent für die Missionsarbeit aus. Die Folge war ein Gemeindewachstum um 300 Prozent im folgenden Jahr...

## Unentbehrlich

Wenn Geistliche innerlich auf den Hund kommen, zeigen sie es u. a. dadurch, dass sie immer stärker von ihrer eigenen Unentbehrlichkeit überzeugt sind.

Ein Prediger erzählt in einer Sitzung, seine Frau bekomme demnächst wieder ein Kind. Er fügt hinzu, er habe ihr aber schon gesagt: »Es sott vormittags sei, denn ôbends han i Dienscht!«

## Was bleibt

Verabschiedungen in den Ruhestand sind mir nie leicht gefallen. Jedes Mal, wenn ein langjähriger Mitarbeiter seine Dienstzeit beendet, empfinde ich Trauer und Verlust. Wie viel Treue, Durchhaltevermögen, Lebenskraft, Humor und großartige Befähigung geht mit manchen Schwestern und Brüdern weg, wenn sie gehen. Name über Name wäre zu nennen, alle mit großen Verdiensten verbunden...

Zwei Abschiede sind mir aber in besonderer Erinnerung geblieben: Diesen beiden wurde ebenfalls alles bescheinigt, was von einem braven Christen gesagt werden kann: Du bist fleißig gewesen, du hast Glauben gehalten, du hast dein Herz eingesetzt...

Aber dann kam bei diesen zwei Brüdern noch etwas. Ihnen wurde »Liebe für andere« attestiert. Das ist etwas Seltenes bei Abschieden gewesen. Und es ist ja auch etwas ganz Großes, wie Paulus sagt (1. Kor 13,13).

Ob einer etwas taugt oder nicht, in der Wüste kommt das unfehlbar heraus«, schreibt Sebastian C. Brant über Charles de Foucauld.

»Wer durch die Lüneburger Heide wandert, hat Grund zur unbeschwerten Fröhlichkeit. Er kann zu spät aufbrechen, kann seinen Hut vergessen, kann nach links abbiegen statt nach rechts, kann mit einem Wort meditieren statt aufzupassen – die Landschaft ist von schönster Folgenlosigkeit. Es geschieht ihm nichts. Schon in den Alpen ist das anders. Ein Irrtum in der Zeiteinteilung wird da zur Gefahr. Die Wüste ist Hochgebirge in Potenz. Ob einer etwas taugt oder nicht, in der Wüste kommt das unfehlbar heraus.«

## Weitergehen

In den Lebenswüsten ist das ähnlich. Wenn unheimliche Kräfte nach einem greifen: Verletztheiten, Stimmungen, Geltungsbedürfnis, Krankheiten, Angst, Alter, Eifersucht oder Machtempfinden – dann merken andere, was »einer taugt oder nicht«.

Für mich selbst möchte ich hier wenigstens wachsam sein, so gut es geht. Wie ich zeitweise bestimmte Genussmittel meide, um von ihnen unabhängig zu bleiben, so möchte ich immer wieder auch von anderen Dingen bewusst die Finger lassen: Von der Gewöhnung an Anerkennung, von Sicherheiten, von Einfluss und damit auch von Macht.

»Weitergehen« ist mir ein wichtiges Lebenswort geworden. Weitergehen wie Israel in der Wüste. Die schönste Wasserquelle unterwegs – war nicht Kanaan. Ein dicker Bauch voll Wachteln und Manna war nicht »das Land, in dem Milch und Honig fließt«.

Weitergehen heißt, das Loslassen bejahen wollen. Nicht immer können, aber wollen. Und das Wollen ein wenig üben.

»Nachfolge ist Verlassen von Sesshaftigkeit«, hat Claus Westermann in meinem ersten Semester in Heidelberg gesagt. –

Und Jörg Zink gibt zu bedenken:
»Am Ende des Lebens sind nur noch die kleinen Dinge des Herzens wichtig.«

## Ich hab's nicht zu bereuen

Heimreise von einer wunderschönen Freizeit in Finnland: Auf dem Schiff herrscht lustiges Leben unter den jungen Leuten. Mit ihren Liedern und Streichen unterhalten sie alle Passagiere. Eine ältere Diakonisse betrachtet das Treiben. Wird sie die jungen Menschen in ihrer ganzen herrlichen Freiheit und Unbekümmertheit wohl beneiden? Ich komme neben sie zu stehen und aus irgendeiner – wie ich heute denke – ungebührlichen Laune heraus frage ich sie: »Schwester, wenn Sie es noch mal zu tun hätten, würden Sie dann wieder Schwester werden?«

Da sagte sie mir in herzlichster Freundlichkeit das folgende Gedicht – und schickte es mir später zu:

> Ich hab's nicht zu bereuen,
> dass ich dem Herrn gedient,
> der für mich hat gelitten
> und meine Schuld gesühnt.
>
> Ich hab's nicht zu bereuen,
> dass ich mich ihm geweiht,
> der mein vergänglich Leben
> erfüllt mit Ewigkeit.
>
> Ich hab's nicht zu bereuen,
> dass ich ihm ganz vertraut,
> auf keinen anderen Felsen,
> hätt ich so fest gebaut.
>
> Ich hab's nicht zu bereuen,
> dass er mich hat geführt,
> wie hab in aller Schwachheit
> ich seine Kraft gespürt.

Und warf mein Lebensschifflein
der Sturm bald her bald hin,
er hielt die Hand am Steuer,
führt' mich zum Hafen hin.

Und hätt ich hundert Leben
und lebt' ich tausend Jahr,
ich wollt sie alle legen
dem Herrn auf den Altar.

Bald geht mein Tag zu Ende,
schon leuchtet Abendschein,
und wird mein Herze brechen,
bin ich auf ewig sein.

# Das Letzte

Glaub, über den Sorgen und Leiden
liegt Gottes stets segnende Hand!
Versuche nicht auszudeuten,
warum er die Not dir gesandt!

Du kämest sonst nimmer vom Klagen
und bliebest im Zweifel bestehn
und müsstest vor Kummer verzagen:
du kannst das Warum nicht verstehn.

Die Antwort des Herrn liegt am Ende.
Für heute genügt das Wozu.
Drum leg dich in Gottes Hände
und warte in bittender Ruh!

Sieh über den Wolken die Sterne,
das Licht auch in dunkelster Nacht,
und wisse: Gott ist dir nicht ferne,
er hat schon den Ausgang bedacht.

Er trägt das Warum in den Händen,
es ist ihm nicht Frage wie dir.
Er sorgt, dass die Wege so enden,
dass du ihm wirst danken dafür.

Das Letzte im gläubigen Leben
liegt jenseits von Tod, Qual und Pein.
Das Letzte, das Gott dir will geben,
das Letzte wird Herrlichkeit sein.

*Walter Müller*